만남이라는　모험

샤를 페팽 지음

만남이라는 모험

한수민 옮김

타인의사유

에밀리에게 바칩니다

들어가는 말

여기, 사랑에 푹 빠진 연인들이 있다. 그들은 마치 영화 같았던 첫 만남을 회상하며 감격스러움과 더불어 약간의 오싹함마저 느낀다. 그러면서 때때로, 자기들의 운이 얼마나 좋았는지 가늠해 본다. 분명 아주 사소한 차이만으로도 모든 것이 달라졌을 것이다. 운행 시간이 다른 기차를 탈 수도 있었고, 서로 다른 좌석에 앉을 수도 있었다. 그리고 또……. 만약 그랬더라면 그들은 절대 마주치지 못했으리라!

그런데 이를 지켜보는 우리의 머릿속에 꽤 주목할 만한 하나의 사실이 떠오른다. 그것은 이 두 사람의 만남이 단순히 운이 좋았던 어느 한쪽의 일이 아니라는 점이다. 양옆으로 붙어있는 2개의 좌석은 그 두 사람에게 오직 한 번의 기회만을 제공했다. 그 순간 여자는 용기 있게 남자에게 말을 걸었고, 남자는 그런 뜻밖의 상황에 적응할 줄 아는 유연성을 지니고 있었다. 그전까지 전혀 몰랐던 두 사람이 마음을 열고 이야기를 주고받기 시작하면서 하나의 만남이 이루어진 것이다.

물론 시속 300킬로미터로 달리는 테제베TGV 고속 열차에 탑승했던 이 남자와 이 여자가, 전속력으로 돌진하고 있던 그 기차 안에서 같은 행선지를 향해 가고 있지 않더라면, 그들이 만나는 일 자체가 없었을 것이다. 하지만 두 사람이 자기들의 일상적인 습관에서 잠시 벗어나는 데에는, 그리고 어떤 마법 같은 일이 벌어지는 데에는, 몇 가지 요소가 결합된 시동 장치가 필요했다.

여자는 꽤 많은 고객들을 확보하고 있는 정골의학 클리닉에서 일하고 있었고 원칙을 우선으로 여기는 관리자였다. 그녀는 남자가 굉장히 초조해하고 있다는 것을 알아챘다. 실제로 그는 기차에 오르기 전, 아들을 진료하는 신경정신과 의사로부터 전화를 한 통 받는 바람에 심기가 불편한 상태였다. 그래서 그는 자기 옆에 앉아있던 낯선 여자가 말을 걸었을 때, 불안한 자신의 마음을 굳이 감추려 하지 않았다. 말하자면 가면을 벗어던진 것이다. 한편 그녀는 그 남자가 도움이 필요해 보여서 말을 건넸지만, 대화를 나눌수록 점차 마음을 활짝 열게 되었다. 그들이 가식을 떨쳐버리고 사회적인 역할 놀이에서 벗어나 대화를 나눌 수 있게 된 데에는 이런 과정들이 존재했다.

그러므로 이 만남은 우연의 산물이 아니라 두 사람의 태도가 빚어낸 산물이다. 이런 원리는 우정으로 이어진 만남이나 직업적으로 얽힌 만남에 있어서도 마찬가지로 적용된다. 사실 우연은 두 사람의 만남에 있어 그저 출발점일 뿐이며, 우리의 운명을 좌지우지하지 못한다. 즉 우연은 만남을 유도하는 역할만 한다.

내가 이 책을 쓴 이유가 바로 이것이다. 우연을 내 편으로 만들 수 있을 뿐만 아니라 미처 예상하지 못했던 만남을 우리가 미리 준비할 수도 있다는 점을 증명하고 싶었기 때문이다. 기차 안이나 동네 슈퍼마켓, 흥겨운 파티 장소나 회사 사무실, 집 근처의 공원, 아니면 데이트 앱 등 만남의 기회는 도처에 널려있다.

하지만 하나의 만남을 성사시키려면 만남의 역학과 더불어, 만남의 위력에 대한 분명한 혜안이 필요하다. 또한 적극적인 행동과 개방적인 자세가 필요하며, 자신의 결점을 상대에게 내보이는 것이 왜 중요한지를 이해해야 한다.

이런 주제를 다루기 위해서는 타자와의 관계성, 즉 두 사람을 이어주는 근본적인 관계에 대해 연구했던 20세기 철학자들의 사유를 돌아볼 필요가 있다. 그들은 헤겔의 발자취를 그대로 따랐다. 그러므로 지그문트 프로이트, 마르틴 부버, 에마뉘엘 레비나스, 장 폴 사르트르, 시몬 베유, 알랭 바디우 등의 사상가들이 우리가 살펴볼 '만남의 철학'에 윤곽선을 그려줄 것이다. 또한 아름다운 만남이라는 소재를 글 속에 담거나, 무대 위 혹은 스크린에 담았던 소설가들과 극작가들, 화가들, 영화감독들의 사유도 우리의 이해에 큰 도움을 줄 것이다. 예컨대 마리보의 희곡 『사랑과 우연의 장난』, 루이 아라공의 소설 『오렐리앙』, 알베르 코엥의 소설 『영주의 애인』, 클린트 이스트우드 감독의 영화 〈매디슨 카운티의 다리〉, 압델라티프 케시시 감독의 영화 〈가장 따뜻한 색, 블루〉 등의 작품들이 이 철학적 사유를 전개하는 데 밑그림이 되어줄 것이다.

또한 우리는 결정적인 만남의 산물이라고 할 수 있는 여러 작품들을 특별한 관점으로 조망할 것이다. 그 작품들은 우리에게, 가장 위대한 재능을 가진 사람들조차 다른 사람과의 관계 덕분에 그 재능을 펼칠 수 있었다는 사실을 상기시켜 준다. 많은 이들이 이미 잘 알고 있다시피, 피카소가 시인 엘뤼아르와 우정 어린 만남을 경험하지 못했더라면 유명한 걸작 〈게르니카〉를 탄생시키지 못했을 것이다. 카뮈가 『반항적인 인간』을 쓸 수 있었던 것은 그가 여배우 마리아 카자레스에 대해 품었던 열렬한 감정 덕분이라는 것도 잘 알려진 사실이다. 볼테르가 『캉디드』를 세상에 남길 수 있었던 것은 그가 에밀리 뒤 샤틀레(최초의 여성 과학자이자, 수학자, 사상가이다. 그녀는 볼테르와 더불어 계몽주의 사상의 형성에 지대한 영향을 끼쳤다. ─역주)와 지적인 교류를 서로 주고받았기 때문이다. 또한 유명한 노래 〈완벽한 하루〉는 데이비드 보위와 루 리드가 뉴욕에서 만나 함께 저녁식사를 하지 않았더라면 이 세상에 나오지 못했을 것이다.

우리는 타인들에게 의존한 채 인생을 살아가고 있다. 만남이란 우리 인생에 덧붙여진 장식품 같은 것이 아니며 부차적인 소품 같은 것도 아니다. 오히려 만남은 우리에게 필수적이며 우리의 인격을 빚어내기까지 한다. 즉 인간이라는 존재가 평생 경험하게 되는 모험의 중심에 '만남'이 자리 잡고 있다.

앞으로 살펴보겠지만, 만남은 사랑이나 우정을 발견하도록 돕는 단순한 수단이나 우리를 성공으로 인도해 주는 하나의 힘에 그치지 않는다. 만남은 우리 자신이 어떤 사람인지 드러내고 세상으로 향할 수 있도록 이끌어준다. 만남이 지니는 힘과 신비로움이 바로 그런 것들이다. 나는 나 자신과 만나기 위해 타인을 필요로 하고 타인과의 만남을 필요로 한다. 진정한 나 자신이 되기 위해서는 내가 아닌 다른 존재와 만나야 하기 때문이다. 이 책을 통해 만남의 가치를 알아볼 수 있게 된다면, 우리는 지적인 자양분이 되어준 작품들을, 그리고 우리의 삶 그 자체를 지금까지와 다른 시선으로 보게 될 것이다.

Contents

Part 1

만남의
징후들

La Rencontre

혼란스럽다

나의 방어벽에
균열이 생길 때

한 사람이 다른 누군가를 만나는 일은 두 사람의 세계를 전복시키고 두 사람의 마음을 뒤흔드는 하나의 사건이라고 할 수 있다. 바로 그때 낯선 무엇인가가 생겨나는데, 그것은 우리가 선택하지 않았음에도 불구하고 우리를 기습적으로 사로잡는다. 그것이 바로 하나의 만남이 가져다주는 충격이다.

만남이 가져다주는 충격들

프랑스어에서 '만남'을 의미하는 명사 '라 랑콩트르la ren-
contre'는 옛 프랑스어 '앙콩트르encontre'라는 단어에서 파
생한 것이다. 본래 '앙콩트르'는 '길에서 누군가와 부딪치
는 일'이라는 의미를 지니고 있었으며, 이 의미에서 유래
한 '만남'이라는 단어는 두 사람이 서로에게 어떤 충격을
던져주는 것을 뜻한다. 두 사람은 접촉을 시작하고 서로
충돌한 후, 곧이어 자기들의 삶의 궤적이 다른 곳으로 이
동했다는 것을 알아차리게 된다.

　물론 전혀 동요하지 않은 채로 타인과 마주치는 일도
일어날 수 있다. 그러나 그렇게 어떤 흔들림도 느끼지 못
했다는 것은 이 **두 사람의 접촉**에 **'만남'**이 존재하지 않고,
'마주침'만 존재했다는 근거가 된다. 사실 나와 타인의 차
이를 인식하는 것보다 더 놀랍고 더 어려우며, 때때로 더
성가시기까지 한 일은 찾기 힘들다. 내가 당신과 만나면
서 어떻게 동요하지 않을 수 있을까? 당신은 나와 마주치
자마자 곧바로 내게서 완전히 벗어나는 듯한 낯선 느낌을
주는데 말이다. 왜냐하면 당신은 나와 전혀 다른 사람이고
다른 인생을 살아왔으며, 세상을 바라보거나 사물을 인식

하는 방법에 있어 나와 다르기 때문이다. 만약 당신을 마주친 순간 내가 무덤덤하다면 그 이유는, 당신이 누구인지를 내가 바로 알아챘거나 혹은 당신에게서 당신이 아닌 내가 보이기 때문이다.

만남이 던져주는 이런 동요는 흔히 시각적인 충격으로부터 시작된다. 톨스토이 소설의 유명한 여주인공 안나 카레니나가 기차역에서 브론스키 백작을 처음으로 만났을 때, 그녀는 그에 대해 아무것도 모르던 상태였다. 그러나 그녀가 그를 마주친 순간에 느낀 동요는 아주 즉각적인 것이었고, 그녀의 눈에 비친 브론스키의 모습은 그의 주변에 있는 수많은 군중들로부터 이미 완전히 분리되어 있었다. 무엇이 그녀의 마음을 이토록 뒤흔든 것일까? 이런 식의 동요는 여러 가지 의미들을 환기시킨다.

누군가에게 첫눈에 반해서 갑작스런 동요를 느낄 때 보이는 어떤 몸짓이나 징후들은 순식간에 타인의 눈에 포착된다. 이 사실은 그런 동요가 얼마나 불시에 우리를 덮치는지를 잘 보여준다. 걷잡을 수 없이 빨라지는 심장 박동, 더듬거리는 말투, 바짝바짝 말라가는 입, 온몸에 흐르는 땀, 할 말을 잃은 순간들…… 생명력을 상승시키는 이 막 강한 힘을 느낄 때 우리의 육체는 이상 반응을 보인다. 육체가 그런 동요에 적응할 시간이 필요한 것이다.

때로는 우리의 마음을 뒤흔드는 동요가 시각적인 것이 아닌 청각적인 형태로, 즉 목소리의 울림으로 찾아올 때도 있다. 이 목소리는 우리의 호기심을 자극한 후 우리 내면에 잠들어 있던 기억들을 깨어나게 한다. 어린 시절을 떠올리게 하는 과거의 어떤 목소리가 돌연 **우리를 부르는 것이다.** 작가 크리스티앙 보뱅은 전화기 너머로 피에르 술라주의 목소리를 처음으로 들었을 때, 자신이 아직 만나지 못했던 이 화가와 언젠가 만나게 될 거라는 확신이 들었다고 했다.

그런가 하면 두 사람의 만남이 가져온 동요의 진동이 더 지적인 차원에서 나타날 때도 있다. 본래 정치적인 일에 무관심한 자세를 고수하던 피카소는 시인인 엘뤼아르와 수년째 서로 스쳐 지나는 식의 만남을 이어가고 있었다. 그런데 1934년의 어느 날, 엘뤼아르가 피카소에게 자신이 평화적인 방식으로 정치에 참여하고 있다는 이야기를 들려주었고, 피카소는 이 정치적인 비전에 마음을 열게 된다. 피카소는 바로 그 순간에, 마침내 엘뤼아르와 만나게 되었다.

타인이 나를 동요시키는 만남의 사건은 때때로, 오직 충만한 감정만으로도 일어나기도 한다. 1970년대 중후반에 유행했던 인디 록 음악 장르에서 가장 전설적인 한 쌍의 뮤지션이었던 데이비드 보위와 이기 팝의 관계가 그렇다. 그들은 두 사람의 음악 세계가 일치했기 때문에 만난 것이 아니었다. 데이비드 보위는 그 무엇보다도 이구아나(이기 팝의 별명이다. 그는 자신이 보컬로 활동했던 밴드를 결성하기 전에, '이구아나스Iguanas'라는 스쿨 밴드에서 드럼을 연주했는데, '이기Iggy'라는 예명도 이 밴드의 이름에서 따온 것이다. -역주)의 외로움과 우울함에 깊은 공감을 느꼈기 때문에 그와 만났던 것이다.

이렇듯 만남이 유발하는 동요는 그것이 어떤 형태를 지녔든지 간에, 단순히 스쳐 지나가는 어떤 느낌에서부터 아찔한 현기증을 일으키는 강렬한 체험까지 다양한 모습으로 찾아온다. 그런 동요는 삶이란 것이 우리를 얼마나 놀라게 만들 수 있는지를 보여준다. 그 흔들림을 느끼는 순간, 우리는 자신이 동요를 느낀다는 그 명백한 사실을 인정하고 그저 항복할 수밖에 없다. 동시에 더 이상 모든 것을 통제할 수 없음을 느낀다. 이제 세상에서 유일무이한 두 사람의 존재가 각자의 세계를 건너와서 상대와 관계를 트기 시작한다. 그러나 우리는 이 접촉이 앞으로 어떤 결과를 초래할지 아직 모른다(피카소는 엘뤼아르를 만난 후 더 왕성한 창조력을 발휘했지만, 안나 카레니나는 브론스키 백작을 만난 후 결국 죽고 말았으니 말이다). 두 사람의 만남 이후에 그런 결과들이 나타났다는 것만이 진실이다. 혹시라도 우리가 우리의 고유한 정체성과 습관에 평온하게 안주한 채로, 독립적이고 자급자족적인 단세포 동물처럼 살 수 있을지 모른다는 엉뚱한 환상을 키우고 있었다면, 누군가를 만난 후 우리는 그 환상에서 돌연 깨어나는 경험을 할 것이다. 만남이 이루어질 때 우리의 안락함은 중단되고 깨지기 때문이다.

우리는 미지의 존재를 갈망한다

사람은 누구나 이런 미지의 존재를 갈망하지만, 그 갈망은 사람을 도취시키기도 하고 불안하게 만들기도 하는 이중적인 속성을 지니고 있다. 우리가 느끼는 불안감은 우리에게 놀라움을 주는 타인 쪽으로 우리를 인도하기도 하고, 낯선 우리 자신의 일부 쪽으로 인도하기도 한다. 그러므로 인간의 만남에는 동시에 생겨나는 두 종류의 만남이 존재한다고 볼 수 있다. 하나는 타인에 대한 타자성이 지배하는 만남이고, 다른 하나는 우리 내면에 도사리고 있는 타자성이 지배하는 만남이다.

시인 랭보는 1871년에 폴 드메니에게 보내는 편지에 이런 말을 적었다. "나는 한 명의 타인이다." 그런데 내가 타인 같은 존재라는 것을 이해하고 느끼기 위해서는 타인을 반드시 만나야만 한다. 낯선 타인에게서 타자적인 모습을 맞닥뜨리게 됐을 때, 비소로 나는 내 안에 '남들과 다른 모습'이 있다는 것을 발견할 수 있다. 어쩌면 그런 다른 모습이 자신이 현재 믿고 있는 것보다 더 많이, 실제의 내 모습에 가깝다는 것을 깨달을 수도 있다.

클린트 이스트우드 감독은 두 사람의 만남을 통해 생겨나는 감정의 동요와 그것의 위력을 스크린에 담은 바 있다. 로버트 제임스 월러의 소설 『매디슨 카운티의 다리』를 동명의 영화로 만든 것인데, 여기서 여배우 메릴 스트립은 이탈리아 남부 출신의 평범한 가정주부 프란체스카로 등

장한다. 미국 아이오와주에 정착한 지 수십 년이 된 그녀
는 남편과 더불어, 이제 막 청소년이 된 두 자녀들과 살고
있다. 어느 날 남편과 아이들이 소 품평회에 참석하기 위
해 집을 떠나고 그녀는 나흘 동안 농가에 혼자 머문다. 한
편《내셔널 지오그래픽》잡지의 사진작가였던 로버트는
아이오와주의 목조 다리들에 대한 탐방 기사를 쓰기 위해
프란체스카의 동네에 왔다가 그녀를 마주친다.

프란체스카와 로버트는 곧 사랑에 빠지고 자기들의 존
재를 바꾸게 될 열정을 경험한다. 나흘이라는 시간 동안
두 사람은 마치 인생 전체를 요약한 것 같은 정열적인 시
간을 보낸다. 그럼에도 프란체스카는 가슴을 에는 듯한 괴
로운 망설임 끝에 가정을 버리지 않기로, 로버트를 혼자
떠나보내기로 결심한다. 하지만 두 사람이 공유했던 모든
것들은 평생 그녀의 기억 속을 떠나지 않는다. 농가에서
로버트와 함께 보냈던 모든 '자잘한 추억들'의 시간은 매
일매일 그녀의 삶을 보듬어주는 자양분이 된다. 프란체스
카가 마치 보물처럼 소중히 여기는 그 감정은 그녀가 아
이오와주에 정착하게 되면서 뒤로 훌쩍 밀어놓았던 젊은
시절의 꿈과 같은 연애 감정이었다. 로버트와 헤어진 후
로 오랜 세월이 흘러서 유언을 작성하게 되었을 때, 그녀

는 로버트의 유해가 뿌려진 곳에 자신의 유해를 뿌려달라는 말을 남긴다. 그 장소는 두 사람의 만남이 이루어졌던 바로 그 다리였다.

함께 보냈던 이 시간의 한복판에서, 프란체스카는 다음과 같은 말로 만남의 핵심을 표현한다. 이 말은 나흘 내내 그녀를 따라다녔던 감정적인 동요를 연상시키는 것이기도 하다. "나는 이제 내가 누군지 모르겠어요. 더 이상 내가 아닌 것 같아요……. 하지만 오늘 이 순간만큼 진정한 내 자신으로 돌아온 것 같은 느낌을 받은 적은 한 번도 없었던 것 같아요."

물론 여기서 나타나는 감정의 동요는 순수한 현기증이라고 할 수 있다. 그녀가 취했던 행동들은 그녀의 평소 모습과 -선험적으로 볼 때- 전혀 비슷하지 않았다. 그녀는 딱히 원망할 구석이 없는 자기 남편을 배반하려는 마음이 전혀 없었다. 그러나 그녀는 남편 옆에서 삶의 지루한 일과를 반복하면서, 자기 존재가 흐려지고 자기의 본래 모습도 조금씩 자취를 감춰가고 있다는 것을, 그래서 결국 자기 삶이 퇴색하고 있다는 것을 깨달았다. 그럴 때 찾아온 로버트와의 만남은 일상의 그 지루한 감정들보다 훨씬 더 강렬했다. 그렇기 때문에 그녀는 자기를 별안간 덮쳐버린 거대한 파도에 저항할 수 없었던 것이다. 그로 인해 이탈리아에서 보냈던 그녀의 젊은 시절과 오랫동안 잠들어 있던 그녀의 유머 감각, 그녀의 여성성, 그녀의 내면에 꿈틀거리고 있던 삶을 향한 강한 의지가 모두 되살아났다. 그녀가 오랫동안 자신에 대해 잊고 지냈던 모든 것들, 즉 '세밀하고 자잘한 삶의 결'과 일상의 소중한 무게감이 다시 본래의 모습을 드러낸 것이다. 게다가 이것들은 예전보다 훨씬 더 강렬한 상태로 그녀의 삶에 갑작스럽게 돌아왔다. **왜냐하면 그녀가 누군가를 만났기 때문이다.** 또한 그 남자의 두 눈동자가 그녀에게 찬찬히 머물렀으며 그녀라는 존재를 끌어안았기 때문이다.

르네 샤르는 자신의 저서 『모여있는 말』에서 이렇게 말했다. "만약 우리가 공동의 세계 밖에서 무엇인가가 만들어지기를 바란다면, 눈물이 그렁그렁한 채 엄청난 배고픔까지 감수한 상태로, 자신의 바깥에서 자신의 존재를 정립해야 한다. 더욱이 그것은 우리만을 위한 행동이다." 이 문장은 만남이 가져다주는 동요를 아름답게 정의한 말이다. 비록 프란체스카가 로버트에게 가기 위해 모든 것을 버리지는 못했을지라도 그녀를 새롭게 만들어주었던 것은 만남이 던져준 동요였다. 즉 그녀는 나흘이라는 시간 동안, 주부로서의 삶 속에서 딱딱하게 굳어져 버린 자신의 정체성을 벗어나 '그녀 자신의 바깥으로' 나아가서는 자신의 존재를 다시 일으켜 세웠다. 또한 그녀는 나중에 후회의 눈물을 펑펑 쏟을지도 모르는 위험 부담을 끌어안았다. 그렇게 해서 르네 샤르가 말했던 "공동의 세계 밖에서의 무엇"이 실제로 생겨난 것이다. 그것은 그들만을 위한 것이었다. 그리고 그 파장의 충격은 두 사람 모두에게, 죽는 날까지 퍼지게 될 거대한 파도 같은 것이기도 했다. 또한 그것은 진정한 삶이 용솟음치는 모습과도 매우 비슷한 것이었다.

사회적 자아의 방어벽 깨뜨리기

만남으로 인한 감정의 동요 때문에 분열되는 방어벽은 종종 사회적인 방어벽에 불과할 때가 많다. 나의 내면 깊은 곳에 있는 자아가 복잡하고 변화무쌍하며 거의 불가사의하기까지 한 데 비해서, 나의 사회적 자아는 그보다 훨씬 더 단순하고 경직되어 있다. 이 사회적 자아는 필연성과 단순성을 띄며, 대표적으로 자기소개를 할 때 등장한다. 이를테면 우리가 이런 질문을 던지며 상대방과 대화를 시작한다고 가정해 보자. "당신은 무슨 일을 하시나요?" 이 말은 대화를 시작하는 주제로 정말 형편없는 말이다. 왜냐하면 그렇게 대화를 시작하는 데에는 타인이라는 존재를 단지 그가 지닌 직업으로, 또한 그 직업에 따른 사회적 지위로 한정 짓는 큰 위험이 도사리고 있기 때문이다. 바로 그것이 우리가 보통 *'사회적인 접착제'*라고 일컫는 것들이다. 이 끈끈한 접착제는 때때로 우리의 피부와 옷자락에까지 깊숙이 배어있어서 우리의 자유를 억압하는 것은 물론이고, 타인에 대한 개방성과 자신에 대한 개방성에도 족쇄를 채우곤 한다. 그것은 또한 우리의 행동을 어색하게 만들고, 우리의 판단력을 흩트려 놓으며, 우리에게 생겨난 호기심의 불씨를 단숨에 꺼뜨린다.

많은 사람들이 이 사회적인 접착제에 들러붙었을 때 스스로 빠져나오는 방법을 모른다. 그들 앞에 낯선 누군가가 소개될 때에는 어쩌면 하나의 새로운 역사가 이루어질 가능성도 함께 생겨나는 것임에도, 그들은 그 가능성을 보지 못하며 그 만남에 대해 '검토하는 일'조차 하지 않는다. 그들은 그 가능성이 지닌 가치에 주목하지도 않고, 큰 동요가 일어날지도 모를 가능성에 대해 마음의 문을 닫아놓는다. 그들이 그렇게 하는 이유는 그 낯선 사람이 자기들이 세워놓은 사회적 기준에 들어맞지도 않고 자기 마음에 드는 직업을 갖고 있지도 않기 때문이다. 하지만 다행스럽게도 어떤 특별한 만남들은 우리에게서 이 접착제를 떼어내고, 우리가 지닌 방어벽을 순식간에 허물어뜨리는 충격을 만들어낸다. 즉 이런 만남에는 단단히 굳어져 있던 자신의 정체성 위로 자유의 바람이 불게 하는 힘이 있다.

마리보의 희곡 『사랑과 우연의 장난』에서는 이 자유의 바람이 부는 장면이 잘 그려져 있다. 이야기는 실비아와 도랑트 두 남녀의 집안에서 그들의 결혼을 주선하는 것으로 시작된다. 실비아는 아버지에게 도랑트를 먼저 만나도 좋다는 허락을 받는다. 이에 그녀는 자신의 본래 모습이 아닌 하녀의 모습으로 변장을 하고, 비밀리에 구혼자를 충분히 관찰하려고 계획한다. 그런데 도랑트 역시 그녀와 똑같은 계획을 갖고 있었다. 그는 시종의 옷을 입고 변장을 한 채 실비아를 만난다. 그렇게 다른 사람의 가면을 썼는데도 불구하고, 이 두 사람은 서로에게 매력을 느꼈고 결국 사랑에 빠지고 만다. 상대방의 사회적인 조건이 자기의 평소 기준에 맞지 않는데도 불구하고, 감정의 동요에 기습적으로 사로잡힌 것이다. 이런 것이 바로 만남이 지닌 진정한 위력이라고 할 수 있다. 즉 만남은 하염없이 늘어지는 기다림의 시간을 없애주는 힘, 예측을 벗어나게 해주는 힘, 그리고 판을 엎어서 새로운 카드를 나눠주는 놀라운 힘을 갖고 있다.

실비아는 도랑트의 시종으로 알려진 그 남자가 그토록 매력적으로 느껴지는 것에 대해 스스로 놀라움을 느낀다. '이렇게 멋진 남자가 시종이라니!' 처음에 그녀는 계속해서 이성의 끈을 놓지 않으려고 애쓴다. '내 주변 사람들은 이렇게 말하곤 했어. 내가 반드시 훌륭한 집안의 남자와 결혼할 거라고 말이야.' 그러나 이런 생각도 그녀의 마음을 돌리지는 못했고, 감정이 흔들리는 동안에는 어떤 이성적인 논리도 힘을 쓰지 못했다. 사실 사회적인 조건은 운명이 될 수 없다. 이 연극에서처럼, 어떤 만남들은 우리에게 그 사실을 늘 상기시켜 준다.

하지만 사회적인 접착제로부터 자신을 떼어내는 일은

원만하게 이루어지기 힘든 법이고 큰 혼란까지 불러올 수 있다. 비록 실제로는 이 두 사람이 대등한 사회적 지위에 놓여있고 두 집안의 약속에 따라 앞으로 그들이 결혼을 하게 될 것이라고 해도, 진실을 모른 채 갈등하던 그 순간에 그들이 느낀 정신적인 동요는 두 사람의 사회적인 정체성에 금이 가게 만들었다. 그럼에도 그들은 '사회적으로 용납되지 않는 것'을 뛰어넘는 과감한 도약을 마음속으로 받아들였다. 그런 도약은 하나의 위반 행위이기에 그만큼 더 감미롭고 더 흥미진진한 자극을 주기도 했다.

결국 두 사람의 만남은 마음 깊은 곳에 숨어있던 심오한 자아에게 새로운 권리를 돌려주었다. 즉 이 만남은 사회적인 자아를 다른 곳으로 이동시켜서 명료해 보였던 것들을 어지럽혔고, 뚜렷해 보였던 윤곽선을 흐릿하게 만들었으며, 때로는 속임수나 술책을 폭로하기까지 했다.

만남이 불러일으킨 동요에 완전히 사로잡히게 될 때, 나는 비로소 내가 이 세상에 살고 있으며 한 인간으로서 완전히 존재하고 있다는 자각을 하게 된다. 그것은 너무나 강렬한 감정이다. 이렇게 드러난 내면적인 자아는 이제 사회적 자아에 의해 더 이상 감추어지지 않는다. 오히려 내면적 자아는 돌연 그 경계를 뛰어넘어 사회적 자아 위로 넘쳐흐르게 된다. 만남이 일으키는 동요는 한 사람이 지나온 삶의 여정을 보여주기도 하고, 때때로 눈 깜짝 할 사이에 생겨나 내면 깊은 곳에 있는 자아를 불러오기도 하는 것이다. 그런 의미에서 진정한 만남을 가로막는 벽은 이 말에서부터 비롯된다고 할 수 있다. "그런데 당신은 무슨 일을 하시죠?"

알아보다

우연이 운명처럼 나타날 때

누군가를 처음으로 만났을 때, 낯설고도 분명한 어떤 감정이 생겨나 내적인 동요를 더 가중시키는 일이 가끔 벌어진다. '나는 이 사람을 전혀 몰라. 지금 막 만났는걸. 하지만 확신해. 이 사람이 바로 내가 찾던 사람이야.' 이런 감정은 우리가 누군가를 만났을 때 일종의 신뢰감을 일으켜서, 실제로 그 사람이 더 이상 낯설지 않은 사람으로 느껴지게끔 만든다. 예를 들어 우리가 어떤 사람과 우연히 마주치게 되었다고 해보자. 그런데 그 사람을 만난 순간, 내가 이미 그 사람을 **만나기로 되어있었던** 것만 같고, 그 사람과의 약속이 원래 잡혀있는 것처럼 느껴지는 것이다.

알아보기의 감정이란

나에게 소중한 인연이 될 어떤 사람과 처음 만났을 때 느끼게 되는 이 친숙한 인상과 기분은 많은 사람들이 공통적으로 경험하는 것이기도 하다. 그럴 때 우리는 상대와 마주하자마자 즉각적으로 편안함을 느끼고, 서로에 대한 이해심도 상호적으로 생겨난다. 때로 이런 상황이 적잖이 당황스러울 수도 있다. 어떻게, 오랫동안 교류한 지인들과 있을 때보다 낯선 사람과 있을 때 더 편안한 감정을 느낄 수 있단 말인가?

이런 만남의 시작은 대체로 다음과 같이 전개된다. 당신과 만났을 때, 나는 내가 알고 있던 누군가와 다시 관계를 시작한 것만 같고, 당신과 인사를 나누기도 전에 **나는 이미 당신을 알아보았다.** 종종 우리는 상대와 처음 대화를 나눌 때부터 이런 친근한 인상과 느낌을 받게 되는데 그

것은 마치 '영혼의 형제를 만났을 때' 느끼는 감정이라고
도 할 수 있다. 즉 우리는 같은 노래를 들으며 깊은 감동을
받고, 우스꽝스런 어떤 장면을 보면서 같이 폭소를 터뜨리
고, 타인의 몰상식한 태도를 보고 같이 분노하는 경험을
하게 된다. 어떤 노력도 하지 않았음에도 우리 둘 사이에
는 모든 상황이 쉽고 부드럽게 진행된다. 이런 경험은 우
리가 전생에 형제나 자매, 아니면 특별한 어떤 관계가 아
니었는지를 자문하게 만든다. 만나자마자 당황스러울 정
도의 강한 친근함이 느껴지고, 혈연관계와 비슷한 유대감
마저 생겨난다.

　그런데 새로 알게 된 이 사람이, 본래 전혀 몰랐던 이 낯
선 타인이 어떻게 그렇게 친근하게 느껴질 수 있단 말인
가? 이 수수께끼를 푸는 것이 이 책의 중요한 탐구 방향이
다. 크리스토프가 처음으로 연주했으며 알랭 바슝이 리메
이크 했던 노래 〈애송이의 말들〉 가사를 살펴보자.

　　나는 그녀에게 애송이처럼
　　어리숙한 말들을 속삭이겠어.
　　그것들은 사람들을 행복하게 해주는 말이거든.

말없는 사랑 이야기에는
격식도 필요하지 않아.
무의미하게 이어지는 긴 대화들은
우리의 재회가 지닌 멋진 분위기를
그저 망쳐놓기만 할 거야.

이 노랫말은 좋아하는 여자에게 감히 다가가지 못하고
그들의 만남을 상상만 하는 한 남자의 이야기를 들려준다.
그는 그녀를 관찰하고 망설인다. 또 그는 그녀를 기다리기
위해 항상 같은 장소로 돌아오곤 한다. 그는 여전히 그녀
에게 말을 못 걸지만 그녀에게 들려줄 수 있을지도 모를
어떤 말들을 떠올린다. 그 말들이 아닌 다른 말을 하려면
차라리 입을 다무는 게 낫다고 여긴다. 그렇다면 왜 '재회'
에 대해 노래하고 있는 것일까? 다시 만난다는 말의 의미
가 무엇일까? 어쩌면 그 두 사람은 서로 시선을 주고받았
는지도 모른다. 아니면 그가 그녀를 잘 알고 있다고 느끼
는 것인지도 모른다. 따라서 실제로 그는 그녀를 "다시 만
났다." 아마도 그는 자기의 어린 시절과 자기의 과거, 자
기만의 독특한 세계, 또한 그의 세계를 만들어준 남녀들을
그녀의 어떤 면과 연결시키고 있는 건지도 모른다. 이 노

랫말에서도 볼 수 있듯 만남이 만들어내는 충격은 때때로 굉장한 힘을 지니고 있어서, 남자는 존재의 의미를 발견한 것만 같은 느낌까지 받는다. 어쩌면 그는 그 존재의 의미로부터, 즉 자기 운명의 진실로부터 그동안 동떨어져 있었다고 느꼈을 것이다. 즉 그는 자기 내면의 목소리가 내는 소리를 그동안 듣지 못했을 것이다. 하지만 그는 지금 미지의 여인으로부터 느껴지는 생생한 감정을 분명히 믿고 있다. 그는 스스로 그것을 확신한다.

폴 엘뤼아르는 이런 말을 했다. "우연이란 존재하지 않는다. 단지 약속만 존재할 뿐이다." 이 말에는 이 초현실주의 시인에게 있어서 아주 중요한 주제라고 할 수 있는 것들, 즉 타인과의 약속이나 자신과의 약속, 또는 자기 운명과의 약속이라는 문제가 결부되어 있다. 모든 종류의 약속에 있어서 현재 진행 중인 어떤 만남의 지표가 되는 것이 바로 이 분명한 감정-더 정확히 말하자면 **알아보기의 감정**-이다. 내가 당신을 알아본다는 말은 당신이 나에게 낯선 사람이 아니라는 뜻이다. 또 내가 나 자신을 알아보았다는 말의 의미는 내가 나의 모습이라든가 내 마음에 드는 어떤 것, 아주 오래된 기억, 내가 이미 알고 있던 어떤

상황을 새로운 시선으로 바라보게 되었다는 의미이다. 또
한 내가 나의 운명을 알아보게 되었다는 말의 의미는 우연
이라는 가면 아래 숨겨져 있던 내 운명의 실체를 스스로
알아차렸다는 뜻이다. 그러므로 만남을 상징하는 하나의
신호는 바로 이런 인상이다. 우연의 한가운데에서, 우연히
만난 것이 아니었던 어떤 사람과의 약속에 하나의 확실한
감정이 들면서, 그것이 별안간 운명의 외양을 갖추는 것
이다. 그런 감정은 우리가 하나의 '발견'을 체험하게 만들
고, 우리에게 그런 사람을 보내준 운명에 대해 감사의 마
음까지 들게 만든다. 나는 내가 마주친 것이 당신인지, 나
인지, 나의 운명인지, 아니면 이 세 가지 모두인지 모른다.
그러나 확실한 사실은 바로 이것이다. 하나의 만남이 존재
하는 곳에 발견이 존재한다. '발견'이라는 말은 다의적인
힘이 내재된 단어이기 때문에 우리는 여러 측면에서 그것
을 살펴봐야 한다.

"나는 어딘가에서 당신을 본 것 같아요"

어떤 남자들은 자기 마음에 드는 낯선 여자에게 종종 이런

말을 건넨다. "당신을 어딘가에서 본 것 같아요." 우리 모두가 인정하듯이 이런 접근 방식은 너무나 진부하다. 그러나 이 방식은 모든 종류의 만남에 내재된 어떤 진실을 드러낸다. 그것은 바로 내가 타인을 만났을 때 상대를 알아보는 그 느낌이다.

나는 누군가를 유혹하기 위한 이 진부한 말이 플라톤의 『메논』에 나오는 명제들 중 하나를 연상시킨다고 확신한다. 플라톤은 메논과 소크라테스가 대화를 나누는 장면을 설정하여, 상대방을 알아본다는 것(재인식한다는 것)의 수수께끼를 파헤치고 있다. 그는 자신의 이데아 이론(플라톤 철학의 중심 개념으로서 모든 존재와 인식의 근거가 되는 항구적이며 초월적인 실재를 뜻하는 말이다. 근대에는 '관념'을 나타내는 말로 사용되었다. -역주)을 적용하여 만남이란 것의 실체를 분석했다. 우리가 처음으로 무엇인가를 이해하게 되는 순간, 그리고 우리가 하나의 생각을 분명하게 정립하는 순간에 생기는 이 감정은 어디에서 오는 것인가? 이 감정은 명료한 것인가? 그것에 대해 이미 알고 있던 것은 아닌가? 어째서 하나의 이데아(관념)는 '재발견'이라는 감정을 불러일으키는 것일까?

이에 대해서 플라톤은 다음과 같이 설명하고 있다. 사실 '인식'이라는 것은 '다시 알아본다는 것'을 의미한다. 그가 사용했던 용어로 다시 풀이하자면, '인식'이란 '상기하는 것(플라톤의 유명한 이론인 상기설에서 나온 것이다. 그는 인간이란 존재가 진과 선, 미를 인식할 수 있는 것은 인간의 영혼이 원래 살았던 이데아의 세계를 상기하는 것과 같다고 주장했다. 즉 이 철학자는 육체와 영혼이 결합하면 인간은 인식에 의해서 그것을 기억한다고 믿었다. -역주)'이다. 플라톤의 이론에 따르면 인간은 태어나기도 전에, 그리고 지상에서 보내는 한정된 기간 동안 우리의 육체 속에 '들어가 있기' 전에, 이미 영원한 이데아의 세계에 속해있다. 우리는 죽으면서 그 세계를 다시 발견하게 되고 그때 비로소 우리의 육체가 지닌 한계로부터 풀려난다. 이렇듯 하나의 이데아에 대한 **'이해'**는 그것을 **'알아보는 것'**이라고 할 수 있다. 인간들은 육체의 굴레속에 들어가기 전에 이미, 자기가 이해할 수 있는 영원성의 형태로 이데아를 알아본다는 것이 플라톤의 주장이었다. 결론적으로 말해서, 하나의 이데아, 즉 하나의 관념과 마주한다는 것은 이미 알고 있었던 것을 되찾는 것이다.

알베르 코엥의 소설 『영주의 애인』의 초반 부분에서, 솔

랄이 아리안을 보고 첫눈에 반하는 장면 역시 상대방을 알
아보는 듯한 '재회'의 분위기를 풍긴다. 코앵의 눈부신 문
체들은 솔랄이 그녀를 보면서 가졌던 그 분명한 느낌의
마력을 너무나 매혹적으로 표현하고 있다. 그 강렬한 힘
은 소위 합리적이고 이성적인 동물이라고 일컬어지는 우
리 인간들에게 큰 혼란을 주지만, 동시에 관능적인 매력
을 선사한다.

"운명의 밤이었던, 리츠 호텔에서의 그날 밤에 그녀가
내 앞에 나타났어요. 그녀는 경박해 보이는 사람들 틈에서
유일하게 고귀한 모습을 하고 있었고, 두려움까지 들게 하
는 섬뜩한 아름다움을 발산하고 있었지요. 출세와 성공을
갈망하는 수많은 사람들 사이에서 마치 나와 그녀만 서있
는 것 같았고 우리 외에 다른 사람은 아무도 없는 것 같았
어요. [⋯] 그녀는 바로 그런 존재였어요. 그녀는 내가 기
다렸던 사람이기도 했고 전혀 기대하지 못했던 사람이기
도 했지요. 운명적인 그날 밤에 선택되었으며, 길게 말려
올라간 그녀의 속눈썹이 깜빡 하고 한 번 치켜 올라갔던
순간에 선택된 사람이 바로 그녀예요. [⋯] 세상 사람들이
사랑에 빠지는 데에는 아니면 그 사랑이 식는 데에는 몇

주나 몇 달의 시간이 걸리죠. 그래서 그들에게는 여러 번의 만남과 공동의 취미 생활도 필요할 뿐 아니라, 서로를 우상화하는 결정화 작용까지 필요한 거예요. 하지만 저의 경우에는 말이에요, 그녀의 긴 속눈썹이 한 번 치켜 올라갔던 그 짧은 시간에 모든 것이 정해졌어요."

　사실 솔랄에게 있어서 아리안은 완전히 낯선 여인이었다. 그러나 그는 단 한순간도, 그가 일생일대의 여자를 만났다는 사실을 의심하지 않았다. 정말이지 그에게는 "속눈썹이 한 번 치켜 올라갔던 순간"이라는 짧은 시간만으로 충분했던 것이다. 그에게는 어떤 논리나 이성적인 사고도 필요하지 않았고 심지어는 단 한 마디의 말도 필요하지 않았다. 솔랄이 그녀에게서, 그런 거추장스러운 모든 것들을 사라지게 만들 무엇인가를 알아보았기 때문이다. 그런데 그런 발견은 "기대하지 못한 것이기도 하고 기대했던 것"이기도 했다. 그녀가 그의 앞에 갑작스럽게 등장했으니 전자도 맞는 말이고, 그가 갈망해 왔던 욕망의 대상을 알아본 것이니 후자도 맞는 말이다. 그가 살아온 과거의 삶 전부가 그를 그 욕망으로 이끌었으므로, 그는 욕망의 대상인 그녀와 이미 '약속'이 되어있었던 셈이다. 그러므로 그가 리츠 호텔에 있었던 것은 우연한 일이었다고 할지라도, 그 '운명의 밤에 이루어진 만남'은 그가 능동적으로 발견한 일이었다.

솔랄은 계속해서 말을 이어간다. "제정신이 아니라고 생각해도 좋아요. 하지만 이게 진심이에요. 속눈썹이 한번 움직였던 그 순간, 오직 그것뿐이었어요. 그러고 나서 그녀는 나를 똑바로 쳐다보지도 않은 채 시선만 힐긋 보냈어요. 그런데 그 순간이 내게 불멸의 영광을 안겨주었어요. 그 순간은 따스한 봄날 같았고 찬란한 태양 같았으며, 포근한 바닷물 같기도 했고, 해안가에서 바라보는 투명한 바다 같기도 했답니다. 나의 젊음이 되살아났고 온 세상이 다시 깨어난 듯했어요. 나는 알아차렸어요. 제가 그녀 이전에 만났던 어떤 사람도, 즉 아드리엔도, 오드도, 이졸데도, 그리고 제가 빛나는 영광과 젊음을 누렸던 시기에 만났던 다른 여자들도 단지 이 매혹적인 여인의 등장을 예고해 준 존재들이거나 그녀의 뒤를 시녀처럼 따르게 될 뿐인 존재들이라는 것을요. 그래요, 그녀 이전에도 그녀 이후에도 그런 사람은 없었어요."

사실 솔랄에게 찾아온 이 분명한 확신의 힘 속에는 '광기 어린' 무엇인가가 존재하고 있다. 우리는 늘 의심하면서 인생을 살아가고 있지만, 어떤 만남들은 우리를 그 의심으로부터 해방시켜 주는 위력을 지니고 있다. 그런 만남은 때때로 '눈꺼풀이 살짝 움직이는 순간'이라는 찰나의 시간만으로도 이루어진다.

이렇게 우리는 미지의 위험이 도사리고 있는데도 불구하고 활활 타오르는 감정의 불길에 사로잡히는 순간을 받아들인다. 그리고 그로 인해 한창 위험을 무릅쓰고 있을 때, 어떤 친숙한 감정이 나타나 우리를 안심시켜 주는 것이다. 그것이 바로 우리가 소중한 누군가를 만나게 될 때 나타나는 신호이다.

이제 2013년에 칸 영화제에서 황금종려상을 받은 〈가장 따뜻한 색, 블루〉(국내에서 개봉되었을 때의 제목이고, 영화의 원제는 '아델의 삶'이다. -역주)에 대해 이야기해 볼 시간이다. 압델라티프 케시시 감독은 두 인물이 서로를 발견하고 알아본 그 순간을 바로 이렇게 필름에 담았다.

아델은 무심히 길을 걸어가다가 엠마를 발견한다. 아

델의 눈에 들어온 엠마는 아주 짧은 커트 머리를 하고 있었는데 다른 짧은 머리 여자의 어깨 위로 팔을 두르고 있었다. 아델이 그 커플과 마주친 후 뒤를 돌아보았을 때 엠마도 똑같이 뒤를 돌아본다. 두 사람의 시선이 만난다. 엠마는 친구에게 팔을 두른 채 원래 가던 길을 간다. 그러나 아델은 횡단보도 한가운데에서 멈춰 선 채, 현기증에 사로잡힌다. 그래서 그녀는 갑자기 달려오는 스쿠터에 치일 뻔하고 자동차 운전자가 그녀에게 어서 비키라며 경적을 울려댄다.

아델은 항상 자신이 이성애자라고 생각해 왔고 최근에도 같은 학급의 남학생과 침대 위의 사랑을 나눈 터였다. 그러나 지금 그녀를 덮쳐서 깜짝 놀라게 만들었으며 엄청난 파도에 휩쓸리게 만든 이 순간의 진실은…… 너무나 확실해 보였다. 즉 처음 보는 그 여자가 아델의 마음에 든다는 사실이다. 아델이 평소에 전혀 의식하지 않았던 이 욕망, 엠마를 만나기 전에는 등을 돌리고 살았던 이 욕망이 아델을 낚아챈 후 그녀를 다른 세계로 실어갔다. 아델은 스스로 어렴풋이 감지하고 있었던 욕망에 대해 인정하지 않을 수 없었다. 결국 그녀는 이 욕망을 **알아볼 수밖에 없었**

던 것이다. 그렇게 아델은 지금 막 엠마를 만났다.

아델은 이중적인 혼란에 빠질 수밖에 없었다. 지금까지 평온하게 이어져 왔던 그녀의 삶이 곧 전복되려는 조짐을 보이고 있었다. 며칠 후에 아델은 같은 학급의 여자 친구에게 갑작스럽게 입을 맞추는 등 충동적인 행동을 하기 시작한다. 그러다가 친구와 함께 찾아간 동성애자 전용 클럽에서 엠마를 다시 마주친다.

먼저 아델을 알아본 엠마가 그녀에게 와서 말을 걸었다. "얘, 여기서 뭐하니?" 그러자 아델은 이렇게 대답했다. "저도 모르겠어요. 친구를 따라왔을 뿐이에요. 우연히 들어온 거예요." 엠마는 아델에게 미소를 보이며, 이런 곳은 '빠져들면 안 되는' 장소라고 말한다. 아델보다 몇 살 더 많은 엠마는 아주 당찬 태도를 보였고 일종의 거드름을 피우고 있었다. 하지만 그런 모습이 그녀의 전부는 아니었다. 엠마가 아델을 향해 웃으며 바로 이렇게 핵심을 짚어냈던 것이다. "아니, 우연이란 건 없어."

궁금하다

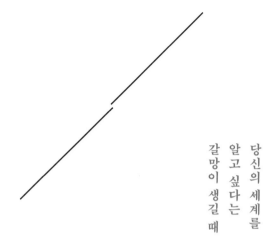

당신의 세계를
알고 싶다는
갈망이 생길 때

영화 〈가장 따뜻한 색, 블루〉에서 주목해야 할 부분이 하나 더 있다. 아델에게 머무는 엠마의 시선과 미소 속에 호기심의 감정이 도사리고 있었다는 사실이다. 일단 아델은 엠마보다 더 어렸고, 동성애자들이 드나드는 클럽에서의 기본적인 매너도 전혀 몰랐다. 지금 막 다른 세계에서 건너왔기 때문이다. 그러나 클럽에 들어선 이 낯선 존재, 그곳에 늘 자리를 채우고 있는 사람들과 완전히 다른 아델의 모습이 엠마의 호기심을 자극하게 된다. 엠마는 이 낯선 여자 아이에게 마음이 끌리고, 아델이 어떤 사람인지 알고 싶어졌다. 타인을 향한 이 호기심, 또한 타인의 세계에 대한 이 호기심은 이미 예견되어 있었다. 그 호기심은 이전까지의 만남들과는 완전히 다른 특별한 징후였다. 이 만남에서 주목할 점은 전에 한 번도 본 적이 없는 미지의 낯선 사람에게서 이상하리만큼 친근한 감정을 느끼게 되는 그런 순간이 아니라, **자기와 완전히 다른 사람을 향해 다가가려는 욕망**을 품는 순간이다. 비록 그 '다름'이 친근하게 느껴지지는 않을지라도 말이다. 이와 같이 우리는 가깝고 편하게 느껴지는 존재들 뿐 아니라 낯설고 생소한 존재들에게도 매혹을 느낀다.

당신의 모든 세계에 대하여

누군가를 만난다는 것은 새로운 세계를 둘러보려는 갈망에 사로잡혀, 그 세계의 문턱 위로 불쑥 뛰어들게 된 자신의 모습을 발견하는 것이다. 그러므로 만남이란 어떤 미지의 여행으로 떠나게 해주는 초대장이라고 할 수 있다. 그 여행은 지리적이기도 하고 문화적이기도 하다. 왜냐하면 그 낯선 사람은 다른 장소에서 왔고 다른 환경에서 살다가 왔기 때문이다. 간단히 말해서 그 여행은 '이국적인 정서'를 느끼게 해줄 조짐을 갖고 있다. 물론 이런 만남은 두 사람이 서로 동일한 사회문화적인 환경의 한복판에 있을 때에도 이루어질 수 있다. 여행과도 같은 이 만남의 경험은 국경을 건너 이동하는 순간에도, 무심히 길을 건너면서도, 우리와 가까운 곳에 사는 사람 혹은 아주 멀리 떨어진 곳에 사는 사람에게 가는 동안에도 생길 수 있다. 그 어떤 경우에서건 그 사람의 세계는 나의 세계와 항상 다르기 마련이며, 그 세계는 내 시야의 축을 흔들어놓고 나에게 새로운 관점을 제시한다.

시드니 폴락 감독이 연출했으며 아카데미 영화제 시상식에서 무려 7개 부문의 상을 받았던 영화 〈아웃 오브 아프리카Out of Africa〉는 사랑의 열정에 관한 이야기를 담고 있다. 소설가로 나오는 여자 주인공 카렌 블릭센 역은 메릴 스트립이 연기했고, 모험가로 등장하는 남자 주인공 데니스 핀치 해튼 역은 로버트 레드포드가 연기했다. 우선 덴마크의 귀족 출신인 여자와 평범한 수렵가에 불과한 영국인 남자의 만남은 문화적인 충격을 보여주는 모양새를 하고 있다. 두 세계의 대조적인 모습을 보여준 것이다. 여자는 거대한 농장을 경영하는 부유한 특권층이고, 남자는 혼자 경비행기 타는 것을 즐기고 그 무엇보다 자유를 사랑하는 사람이다. 메릴 스트립과 로버트 레드포드가 처음으로 시선을 주고받는 장면에서, 우리는 이미 두 사람 사이에 매혹적인 호기심이 싹트고 있다는 것을 느낄 수 있다. 이 만남에서는 갑자기 벼락에 맞듯 첫눈에 반하는 감정이 아닌, 상대방에 대해 더 알고 싶다는 강렬하고 상호적인 욕망이 포착된다.

그들의 첫 만남은 아프리카 대초원의 한가운데에서 이루어진다. 카렌이 타고 있던 기차가 초원을 달리다가 잠시 멈춰 서는데, 이는 데니스가 그 기차에 코끼리의 상아들을 싣기 위해서였다. 카렌은 기차에서 내리지 않았고 데니스도 그 기차에 올라타지 않았다. 두 사람은 잠시 동안 몇 마디를 주고받았을 뿐이며 기차는 다시 출발한다. 하지만 그 짧은 시간은 두 사람으로 하여금 서로에 대해 더 알고 싶어 하는 욕망이 피어오르게 만든 아쉬운 시간이기도 했다. 이후 두 사람 사이에 사랑의 여정이 진행될수록,

그들의 호기심도 함께 증폭된다. 상대에 대해 수수께끼를 느낄수록 그들은 더 열렬히 그것을 파헤치고자 했던 것이다. 이 영화의 진정한 주제의식이 바로 여기에 있다. 즉 이 영화의 빛나는 장면들은 우리로 하여금, 타인의 신비로움이 가져다주는 그 깊은 심연에 대해 느낄 수 있게 해준다.

예를 들어 영화에서는 카렌과 데니스가 촛불을 밝힌 채 저녁 식사를 하는 장면이 세 번이나 반복해서 등장하는데, 이런 반복은 자칫 관객들에게 지루함을 줄 수 있다. 하지만 시드니 폴락 감독은 그 장면을 통해, 상대방의 세계에 대한 강렬한 호기심의 감정이 여러 갈래로 가지치기 하는 듯한 모습을 보여주었다. 아주 조금씩 전달된 정보들과 침묵의 순간들, 말이 없지만 소통하고 있는 순간들을 통해 상대에 대한 호기심이 얼마나 더 증폭될 수 있는지를 보여준 것이다. 또한 그 호기심이 두 사람의 관능적인 욕망을 어떻게 솟아나게 했는지 보여준다.

철학자 질 들뢰즈는 자신의 책 『알파벳』 중 '욕망'의 이야기를 다룬 '디D' 장에서 이런 말을 했다. "당신은 누군가를, 혹은 그 무엇인가를 결코 욕망하게 되지 않을 것이다." 왜냐하면 우리는 '하나의 총체'를 욕망하기 때문이다.

더 정확히 말하자면, 우리는 '완전한 총체 속에 있기를' 욕망한다. 즉 우리는 그 자체로 하나의 완전한 세계를 갈망하는데, 그 세계는 우리가 마주친 적이 있는 어떤 경험과 연결된 세계이기도 하다. 그러나 우리는 일단 그 세계에 대해 아주 오래된 부스러기 같은 것만을 짐작할 수 있다. 익숙한 습관이나 몸짓, 가까운 친구들과 권태로움, 묵은 감정들, 우리가 인식한 것들, 추억들 등등…….

질 들뢰즈는 마르셀 프루스트가 『꽃 핀 소녀들의 그늘에서』(총 7부작으로 구성된 장편 『잃어버린 시간을 찾아서』의 2부이다. -역주)에서 들려주었던 이 문장 속의 은유를 자기의 주장에 덧붙였다. "우리는 단지 한 여인만을 갈망하는 것이 아니라, 이 여인이 둘러싸고 있는 **풍경의 총체**를 갈망한다." 따라서 그녀를 만난다는 것은 우리가 그곳에서 거닐 수 있는 어떤 풍경을 펼치려는 욕망을 품는 것이다. 또한 그녀를 만난다는 것은 우리가 그 풍경을 펼치는 데 시간이 꽤 소요될 거라는 생각을 즐겁게 받아들이는 것이고, 우리가 거기서 정확히 무엇을 발견하게 될지 모른다는 막막함도 즐겁게 받아들이는 것이다. 들뢰즈는 또 이렇게 설명했다. "욕망한다는 것은 그 욕망의 대상 주변에서 하나의 조합을 구축하는 일이고 하나의 총체를 구축하는 일이다."

그렇기 때문에 호기심과 욕망은 단지 타인만을 욕망의 대상으로 보는 것이 아니라 타인의 주변에 이미 생성되어 있는 그 조합과 총체 모두를 통합하는 작용을 한다. 즉 우리는 다음과 같이 말할 수 있을 것이다. 나는 **당신의 모든 세계**에 대해, 당신과 연결되어 있고 당신 주위에 배치된 모든 것들에 호기심을 느낀다.

그렇게 새로운 모험이 시작된다

타인에 대한 이 호기심에는 지속성이라는 위력이 있다. 오늘날 우리는 모든 장소에서 과도하게 타인들과 연결되어 있고 수많은 요청을 받으며, 스마트폰 알림을 통해 끝없는 호출을 받는다. 그래서 우리는 어떤 관계를 새로 만들어내서 지속시키고, 더 깊이 있게 심화시키는 행동이 지니는 의미를 완전히 잃어버릴 위험에 처해있다. 모든 것들에 대해 궁금해했던 우리는 이제 그 어떤 것에도 호기심을 느끼지 못하고 있다. 하지만 진정한 호기심을 갖기 위해서는 시간이 어느 정도 필요하다. 누군가를 만난다는 것은 그 세계가 너무 무궁무진해서 어쩌면 우리가 거기서 결코 헤어 나올 수조차 없을 그런 세계를 발견하는 일이다. 또한 누군가를 만난다는 것은 자신의 내면에서 금방 식지 않을 어떤 강한 호기심을 느끼는 일이며, 며칠 안에 사라져 버리지 않을 한 사람의 신비로움을 이해하는 일이다. 바로 여기에 이 시대의 소란스러움으로부터 벗어날 수 있는 하나의 출구가 존재하고, 만남을 위한 수많은 아름다운 약속들 중 하나가 존재한다. 우리가 타인에 대한 호기심을 고집스럽게 유지함으로써 얻을 수 있는 힘을 통해, 결국 우리 주변의 산만함으로부터 빠져나올 수 있다니 얼마나 다행스러운 일이고 얼마나 놀라운 일인가!

나 역시 만남의 이치에 부합하는 그런 만남을 경험한 적이 있다. 내가 고등학생이었을 때 만났던 철학 선생님이 그 주인공인데, 나중에 이 선생님은 내 가장 가까운 지인 중 하나가 되었다.

선생님과 나의 첫 만남의 순간을 되돌아볼 때, 무엇이 우리의 인연을 깊게 이어준 것인지 이제는 좀 더 분명히 이해가 된다. 그 만남은 내가 고등학생이었을 때 어느 수업이 시작되기 전, 학교의 뜰에서 이루어졌다. 선생님은 학생들 몇 명과 대화를 나누고 계셨다. 나는 우연히 그 옆에

다가가게 되었고 어느새 그들의 토론에 끼여 대화에 동참하게 되었다. 선생님께서는 교실로 돌아가기 전에 나에게 몇 반 학생인지를 물었고 우리는 잠시 동안 몇 마디를 더 주고받았다. 나는 1지망으로 이과를 선택해 놓은 상태였기 때문에, 그 다음 해에도 그 철학 선생님을 만날 가망성이 전혀 없던 터였다. 아쉽게도 그는 문과 반 학생들만 가르치고 있었다.

그러다가 알베르 카뮈의 『이방인』으로 화제가 옮겨갔다. 나는 그 소설이 내게 준 충격에 휩싸여 있었지만 그는 그 작품에 대해 좀 더 신중한 자세를 유지하고 있었다. 하지만 선생님의 눈빛은 그가 그 유명한 작품을 완벽하고 심도 있게 읽었다는 인상을 풍기고 있었다. 마침내 우리는 대화를 마치고 인사를 나눴다. 내가 교실로 이어지는 계단에 막 올라가려고 했을 때, 선생님께서는 웃는 얼굴로 나를 부르더니 조언을 건넸다. 아예 진로를 바꿔서 문과로 들어오는 게 어떻겠냐는 제안이었다. 그러고는 농담을 덧붙이셨는데, 그것은 이 학생이 이과에 그대로 남을지 전과를 할지 그 대답을 기다리고 있던 선생님 자신, 즉 철학 교사라는 직업을 도마 위에 올린 유쾌한 농담이었다. "그런데 말이야, 철학 쪽으로 진로를 바꾸면 대재앙이 뒤따를 수도 있어. 차라리 클럽 메드에서 상주 직원이 되는 게 훨씬 나을지도 몰라."

그러나 나는 몇 달 후 그의 조언대로 문과로 반을 옮겼다. 정말이지 선생님의 세계에 대해 궁금한 것들이 너무나 많았기 때문에, 새로운 모험을 감행하기로 결정했던 것이다.

20년이 넘는 세월이 흐른 후에 나는 선생님의 장례식에서 장례 집행인이 되었다. 선생님을 만났던 일은 그 무엇보다도, 하나의 완전한 세계를 발견했던 경험이었다. 물론 그가 나로 하여금, 플라톤과 헤겔의 철학 책들을 탐독하게 만든 것은 분명한 사실이다. 하지만 나는 나중에 다음과 같은 사실도 깨닫게 되었다. 그는 그런 철학자들만큼이나 많은 다른 유형의 사람들, 즉 풀리니 몽라쉐 와인과 사비니 레 본 와인을 만드는 와인 생산자들과 여러 테니스 선수들, 브르타뉴 지방의 뱃사람들과 내가 어울릴 수 있게 해주었다는 사실이다. 그 세계에서 우리는 오래된 빨간색 잡지 《골프》를 서로 돌려봤고, 헤겔의 『정신현상학』과 더불어 《스포츠 팀》 잡지를 읽곤 했다. 제자인 우리들은 그분 덕분에 미지의 영역을 향한 도약이 어떤 것인지 느낄 수 있었다. 한마디로 우리는 자신의 강렬한 호기심을 발견했던 것이다.

하나의 과목이나 어떤 전문 지식과의 마주침 뒤에는 흔히, 한 사람이 지니고 있던 호기심이 뒤따르기 마련이다. 따라서 어떤 사람이 자기의 전공과목을 공부하기 위해 갖게 된 그 호기심은 우리들이 그 사람에 대해 갖게 되는 호기심과 분리할 수 없다. 만약 내가 선생님의 인간적인 성품에 대해 호기심을 느끼지 않았다면, 과연 헤겔이나 스피노자의 심오한 사상에 대해 그토록 강한 궁금증을 품을 수 있었을지 의문이다.

그런데 역설적이게도 이 호기심은 선생님의 장례식 날에 더 고취되었다. 고인과 있었던 일들을 서로 이야기하는 추도 자리에서였다. 선생님의 형제들이 짧은 연설을 하는 동안, 나는 선생님께서 내게 한 번도 털어놓지 않았던 몇 가지 사실을 알게 되었다. 그런데 그것은 선생님께서 내게 항상 하시던 이야기와 완전히 상반되는 것들이어서 깜짝 놀라고 말았다. 선생님은 당신의 죽음을 통해서까지 내 궁금증을 자극하신 것이다. 때로 타인의 세계에 대한 호기심은 그 사람보다 더 오래 살아남기도 하는 법이다.

함께 이루다

타인이 나에게
날개를 달아줄 때

하나의 만남은 종종 하나의 계획이 탄생했던 순간으로 기록되기도 한다. 이 경우 우리는 다른 사람의 세계 그 자체보다는 앞으로 우리 두 사람이 만들어갈 수 있는 모든 것들에 더 관심을 갖는다. 그러므로 만남이 일어났다는 징조 중 하나는 우리 내면에서 어떤 것을 계획할 때 느껴지는 흥분감이라고도 할 수 있다. 당장 그 계획에 착수하고 싶다는 욕망, 놓여있는 것을 전복시키고자 하는 욕망, 우리가 하나의 팀을 이루어 어떤 위대한 것들을 함께 이뤄낼 거라는 확신이 바로 그것이다. 이렇듯 타인을 만나는 일은 우리에게 날개가 생기는 일이기도 하다. 우리는 우리가 가진 재능들을 합쳐서 하나의 존재를 함께 창조할 수 있고, 이것은 두 재능을 합친 것보다 더 크고 우세한 힘을 발휘한다. 즉 '1+1=3'이라는 새로운 등식이 증명되는 것이다.

1+1=3의 법칙

이 등식은 비록 논리적으로 입증될 수는 없지만 엄연히 존재하고 있으며, 우리는 그 새로운 등식을 자각하고 느낄 수도 있다. 즉 만남은 하나의 욕망을 만들어내고 **더 커다란 가능성의 영역**을 일구어낸다. 그러므로 우리는 그 만남 속으로 과감하게 몸을 던져야 한다. 철학자 알랭 바디우는 이렇게 말했다. "'어떤 행동을 취한다'라는 말은 '무엇인가에 몸을 맡긴다'는 의미이다." 즉 우리는 다음과 같은 생각들을 할 수 있다. 당신과 함께라면 나는 한순간도 망설이지 않고 이 계획에 도전하고 싶다, 나는 당신과 함께 사회적인 운동과 투쟁에 참여하고 싶다, 당신과 함께 아이를 갖고 싶다……. 서로 관계를 맺고 지내는 사람들에게 있어서 하나의 계획이나 하나의 동기 속으로 진입하는 일은 흔하다. 그러나 만남 자체는 단지 시동 장치에 지나지 않는다. 내가 당신을 만났다는 것의 확실한 증거는 우리가 함께 몸을 던졌다는 점이다.

키스 리처즈(영국의 가수이자 작곡가로서 전설적인 록밴드 '롤링 스톤즈'의 창립 멤버이다. ‐역주)는 자서전 『인생』에서 믹 재거(영국의 가수이자 배우로서 '롤링 스톤즈'의 리더이자 보컬이다. ‐역주)와의 첫 만남을 회상했다. 그 만남은 1960년, 런던 변두리에 있는 다트포드역 승강장 위에서 이루어졌다. 열일곱 살이었던 키스 리처즈는 자기 앞에 있는 그 청년의 얼굴을 금방 알아보았다. "나는 한 손에 척 베리의 음반들을 들고 있었다. 바로 그때, 초등학교 시절에 본 적이 있는 것 같은 남자애가 내게 다가왔다. […] 그 친구는 척 베리가 만들었던 모든 음반들뿐 아니라 지미 리드, 머디 워터스, 하울링 울프, 존 리 후커의 음반들까지 갖고 있었다. […] 바로 그가 믹 재거였다." 두 사람은 잠깐 동안 얘기를 나누었고, 버디 홀리와 에디 코크런, 척 베리 등이 주도하고 있는 '리듬 앤 블루스' 음악의 연주 방식을 새로이 모색

할 목적으로 다시 만나자는 약속을 잡았다.

그런데 나중에 두 사람이 만나서 함께 연주를 시작하자마자 한 가지 사실이 분명해졌다. 별다른 노력 없이도 두 사람의 연주는 완벽한 하모니를 이루고 있었고, 이 경험은 그들에게 믿을 수 없을 만큼 큰 즐거움을 선사했다는 것이다. 이제 한 걸음 더 도약해서 함께 그룹을 결성해야 할 것만 같았다. 사실 이 두 사람은 그 당시에 이미 음악을 제법 많이 연주했던 뮤지션이었기에 이런 저런 사람들과 함께 연주하는 일에 익숙해져 있었다. 그러나 그날 두 사람이 함께 연주를 하며 느꼈던 벅찬 감정은 그전에 느꼈던 감정과 완전히 달랐다. 그것은 어떤 전대미문의 가능성으로 가득한 세계의 문을 연 느낌이었고, 한 사람의 힘이 다른 사람의 힘을 북돋아 주는 느낌이었다. 능력이 있다는 말의 의미는 다른 사람들로부터 그것을 쟁취한다는 뜻이 아니라 오히려 사람들에게 그것을 나누어줄 수 있다는 뜻이다. 역사에 남은, 직업적이고 전문가적인 모든 만남들이 그것을 증명한다. 즉 좋은 협력이 이루어지면 각자가 지닌 능력은 원칙적인 계산법이 아닌 새로운 법칙에 따라 더욱 커질 수 있다. '1+1=3'이 되는 것이다. 시간이 좀 더 흐른 후에 믹 재거와 키스 리처즈는 기타리스트 브라이언 존스와 만나서 밴드 '롤링 스톤즈'를 결성하게 된다.

　그러나 믹 재거와 키스 리처즈의 관계가 항상 순탄하지만은 않았다. 키스 리처즈는 자서전에서 믹 재거가 지녔던 자아도취적인 성향을 비난했다. 그가 롤링 스톤즈의 주도권을 낚아채서 모든 것을 자기가 통솔하기를 원했고, 록 음악의 정신을 위반하는 제트족(1950년대 말 제트 비행기가 출현했을 때 이 비행기를 타고 세계 여행을 다니던 부유층을 가리키는 말이었다. -역주) 행세를 했다는 것이다. 그럼에도 불구하고 평범한 노동자의 아들이었던 리처즈와 정반대의 인물이었던 사교계의 인사 믹 재거는 변함없는 모습을 유지했다. 사실 그들 사이에서는 언제나 경쟁심이 함께 존재했다. 그들 각자가 독립적으로 음악을 작곡할 때도 있었지만 함께 작업을 하는 경우도 그만큼 많았으니 어쩔 수 없는 일이었을 것이다. 그러나 그들이 처음 만났을 때 느꼈던 그 놀라움과 황홀한 예감은 시간이 지날수록 더 공고해졌다.

　그들은 60년이 넘는 세월 동안 앨범을 냈고 대규모의 콘서트들을 계속 이어왔으며, 수없이 많은 히트곡들을 만들어서 역사상 가장 위대한 록 그룹들 중 한 팀으로 자리

잡는다. 두 사람이 가진 빛나는 재능이 결합하자 더 눈부신 결과물이 광채를 내며 탄생한 것이다. 그것은 공동으로 소유하게 된 무엇인가가 아니고, 하나에 다른 하나를 덧붙인 무엇인가도 아니다. 그것이 바로 '만남'이다.

결국 우리는 믹 재거나 키스 리처즈의 개인적인 노래를 듣는 것이 아니라 롤링 스톤즈의 노래를 듣는 것이다. 그것은 폴 메카트니의 노래나 존 레논의 노래를 듣는 것이 아니라 비틀즈의 노래를 듣는 것과 마찬가지이다. 롤링 스톤즈의 음악은 '함께 연주를 한다는 것'이 어떤 것인지를 감각적인 방식으로 이해할 수 있도록 만들어준다. 키스와 믹처럼, 우리도 누군가를 만나게 되면 무엇인가를 창조할 수 있다는 것을 느낄 수 있다. 두 사람이 만났을 때 느끼는 그 흥분의 감정은 우리로 하여금, 우리가 우리 내면의 작은 자아와 우리의 유일한 능력에만 매달려 있는 것이 아님을 증명해 준다. 우리는 우리를 더 강하게 만들어줄 집단적인 모험을 항상 갈망하고 있다. 고상한 의미에서 볼 때, 그런 모험들 덕분에 우리는 현재를 뛰어넘을 수 있는 것이다. 결국 우리는 현재의 우리보다 더 위대한 무엇인가를 창조하게 될 것이다.

우리가 함께 완성해 낼 그 무엇

음악을 연주하는 어느 그룹에 통용되던 이 진실은 다른 일
반적인 커플들에 있어서도 당연히 적용된다. 사랑으로 결
합된 만남들이 어떤 동요라든가 익숙한 느낌, 혹은 타인에
대한 기분 좋은 호기심으로부터 시작된다면 그 만남들은
확장될 수도 있고 새로운 바람의 방향을 찾을 수도 있으
며, 또 다른 진실까지도 찾을 수 있다.

　사실 우리에게는 우리의 개성과 관심사들, 욕망을 중심
으로 돌아가는 삶의 안락함을 선호하는 경향이 있고 우리
의 습관이 주는 편안함을 선호하는 경향이 있다. 그래서
둘이 함께 살거나 하나의 가족을 만든다는 인식은 우리
에게 다른 어떤 것보다 큰 불안감을 주며, 때로는 그저 누
군가의 들러리가 되는 것은 아닐까 하는 마음까지 들 때
가 있다. 다른 사람과 함께 살거나 가족을 이룬다는 생각
은 여러 종류의 구속감과 책임감을 떠올리게 만들기 때문
이다. 우리가 받아들이기 힘들거나 떠맡을 생각이 없었던
무거운 책임감 말이다.

　그러나 우리가 꽤 괜찮은 누군가를 만나게 되면 그 모
든 부정적인 예감들은 돌연 사라져 버린다. 우리가 스스로

억제하고 있었던 것들이 용감하게 고개를 들고, 우리가 지녔던 두려움이 증발해 버리기도 하며, 우리를 억누르던 불안감이 흩어져 버린다. 때때로 이런 변화는 거의 즉각적으로 일어난다. 따라서 이렇게 새로이 피어나는 자유의 감정이 바로, 만남을 의미하는 하나의 징조라고 볼 수 있다.

그리고 바로 이 순간부터 우리는 어떤 모험을 감행해야겠다는 욕망을 품는다. 우리가 더 이상 혼자가 아니기 때문이다. 또 우리가 괜찮은 누군가를 발견했기 때문이다. 새로운 모험에 과감하게 몸을 던지는 일은 불안감을 준다기보다 흥미진진한 자극을 준다. 그럴 때 우리는 그동안 우리가 얼마나 자신의 존재를 세상과 마주한 개인의 영역으로만 축소시켜서 생각하며 자신을 기만했는지 깨닫게 된다. 내가 그동안 누군가와의 만남에 용기 있게 뛰어들지 못하고 두려워했던 까닭은 지금껏 세상과 나만 보았기 때문이고, 내 책임감과 나만 보았기 때문이며, 내 불안감과 나만 보았기 때문이라는 것을 말이다. 나는 본질적인 것들이 내 바깥에서부터 내 안쪽으로 다가올 수도 있다는 사실을 잊고 있었고, 인간이라는 동물의 진정한 본질-서로 서로 관계를 맺는-을 잊고 있었다. 또한 내게 필요했던 것은 어떤 재능이나 장점들, 용기 같은 것들이 아니라 단지 당신이란 존재였다는 것을 잊고 있었다. 즉 내가 아닌 어떤 존재, 그 존재가 없이는 나라는 존재를 완성시킬 수 없는 그런 존재가 당신이었다.

그런데 하나의 만남이 실현되자마자 가장 중요한 것은 내가 앞으로 어떻게 될지도 아니고 내가 무엇을 이룰 수 있는지도 아니다. **우리가 함께 무엇을 완성하게 될 것인지**가 중요하다. 둘이서 공동으로 만들어 낼 결과물의 가능성을 내가 느끼는 순간부터, 나는 자신에 대해 이로운 간격을 유지하게 될 것이다. 즉 나의 이력이라든가 과거와 연결되어 있는 두려움, 불안감 등과 거리를 두게 될 것인데, 아마도 나와 만난 당신 역시 그렇게 될 것이다. '1+1=3'이라는 등식에 작용하는 마법은 우리로 하여금 새로운 가능성까지 내다볼 수 있게 만들어준다. 왜냐하면 A가 B를 만나고 A와 B가 함께 존재하고 있다면 이 만남은 'A+B'를 넘어서는 무엇인가가 될 것이기 때문이다. 당신을 만난다는 것은 하나의 미래를 여는 일이다. 바로 그 만남의 순간에 나는 날개가 생긴 듯한 느낌까지 받게 된다.

나의 개인적인 이야기를 털어놓자면, 나는 예전에 아이

를 갖고 싶지 않다는 말을 당당하게 하고 다녔다. 하지만 그때는 아직 당신을 만나지 못했던 시절이었다. 이제는, 당신에게서 태어나는 아이가 세상의 모든 아이들과 다른 특별한 아이라고 생각한다. 당신과 함께 아이를 갖는 일은 인생의 모든 것들을 바꾸게 될 것이다. 그렇게 되면 우리는 함께 책임을 질 것이고 함께 구속감을 받아들일 것이며 함께 부모가 될 것이다. 그때 느끼는 감정은 무거운 부담감이라기보다는 하나의 모험과 더 흡사하다. 당신을 만나게 되면서 나는 내 안에 자유의 힘이 있다는 것을 알게 되었다. 전에는 그 위력이 어느 정도인지 느끼지 못했던 그런 힘이다. 온갖 종류의 문제들과 두려움은 이제부터 단지 나의 것이 아니게 되었다. 왜냐하면 그것들은 '내 아이의' 문제가 아니라 '우리 아이'의 문제가 될 것이기 때문이다. 만약에 내가 그동안 내 도시나 내 고장을 떠나는 것을 한 번도 염두에 두지 않았다면 나는 이제부터 당신과 함께 다른 곳에 가서 살 계획을 세우게 되고, 거기서 우리의 아이를 키울 생각까지 하게 된다. 그것이 바로 우리의 만남이 불러온 결과이고, 우리가 새로 세우게 될 계획들 역시 그 만남의 징조들이다.

물론 함께 아이를 갖고 가정을 이루는 것이 반드시 진

정한 만남이라고 단정할 수는 없다. 예를 들어 19세기에
는 처음 만나자마자 아이를 갖는 커플들이 있었고 그들은
자기 배우자가 아닌 사람과도 아무렇지 않게 혼외정사를
이어가곤 했다. 또 오늘날 우리는 의학적인 도움을 받아
인공수정 방식으로도 아이를 가질 수 있다. 부부가 되겠
다는 계획이 전혀 없더라도, 또 정자의 '기증자'를 한 번도
만나지 않아도 그런 결정은 실행 가능한 것이 되었다. 그
렇지만 하나의 만남이 자기 아이에 대한 갈망을 생겨나게
할 때, 그리고 둘이 함께할 계획을 세워서 그것을 실현가
능하게 만들게 될 때, 우리의 가슴 속에 켜진 이 뜨거운 불
은 만남 그 자체의 위력이 어떤 것인지를 말해줄 것이다.
즉 '1+1=3'이라는 가능성의 진동을 느낄 수 있는 순간은
만남의 위력이 퍼지기 시작하기 전이 아닌, 그 위력이 활
활 타오르는 중앙에 존재한다.

시간이 많이 흘러서 하나의 만남이 그 결실을 맺게 될
때, 우리는 우리가 맨 처음 만났을 때의 그 순간을, 그때
느꼈던 최초의 열렬한 흥분감을 다시 회상하게 될 것이다.
그 순간은 이제 우리에게 있어, 미래의 모든 것들이 이루
어질 수 있는 최초의 순간이 되었기 때문이다. 우리는 콘

서트에서 수만 명의 관객들이 자기들의 노래를 따라 부르는 모습을 눈에 담으며 땀에 흠뻑 젖어 노래하던 믹 재거와 키스 리처즈가 될 수 있다. 또 우리는 자기들의 아이들이 자라고 나중에는 자기들의 그늘에서 벗어나는 것을 보게 될 세상의 모든 부모들과 같은 사람이 될 수 있다. 그렇게 되면 우리의 가슴은 자신보다 더 위대한 무언가를 만들어냈다는 기쁨으로 빛나게 되는 것이다.

차이를 경험하다

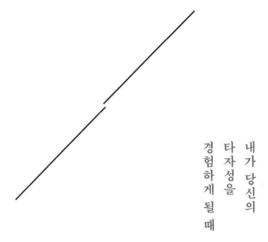

내가 당신의 타자성을 경험하게 될 때

누군가를 만난다는 것은 사물에 대한 또 다른 관점을 발견하는 일이기도 하고, 우리가 세상과 맺고 있는 관계에 있어서 어떤 변화를 경험하는 일이기도 하다. 나는 당신과 만난 이후 더 이상 내 세계의 중심이 아니다. 또한 나는 하나의 유일한 위치에서 세계를 인식하는 모나드('단자'라고 부르기도 한다. 철학 용어로서, 독립적이고 개별적인 정신적인 실체를 뜻한다. -역주)도 아니다. 왜냐하면 당신을 만나게 된 나는 이제부터 당신의 시선을 통해 함께 세상의 만물을 바라보기 때문이다. 이를테면 어떤 뉴스가 중요한 시사 문제로 떠올라 큰 화제가 되었을 때 나는 당신이 그 뉴스에 대해 어떻게 반응할지 알 것 같다는 생각이 든다. 어떤 강연회에 참석할 때면 당신이 강연 내용에 대해 어떻게 생각할지 상상하게 된다. 어떤 노래를 들을 때면 당신이 그 노래를 마음에 들어 할지 알 수 있을 것 같다. 그리고 우리가 함께 영화관에 갈 때면 나는 당신의 눈으로도 그 영화를 본다. 영화관을 나오면서 당신은 내 예감이 맞았다는 것을 확인시켜 준다. 당신은 역시, 내가 예상했던 그 장면에서 감동을 받았다. 내가 당신을 만났다는 사실, 또 이 세상에 대한 당신의 관점을 내가 받아들였다는 사실은 내가 내 취향과 내 시선, 내 전망을 유지하는 데 있어 방해가 되지 않는다. 오히려 그것들은 당신의 취향과 시선, 전망으로 인해 더 풍성해진다. 나는 한 편의 영화를 두 번 본 셈이 되는 것이다. 두 번을 보았다는 뜻이 아니라, **당신의 눈과 내 눈으로** 동시에 그 영화를 보았다는 뜻이다. 당신을 만난 이후로 나는 이렇게 온 세계를 두 번씩 인식하게 된다.

타자성의 발견

자신이 자기 세계에서 더 이상 '중심'에 있지 못한다는 사실은 당황스럽기도 하고 흥분되는 것이기도 하다. 세상의 사물을 보는 나의 습관적인 방식에서 빠져나오는 것이기에 당황스럽고, 내가 결국 세상을 다르게 이해하는 것이기에 흥분된다. 나는 내 시선과 다른 관점을 지닌 새로운 시선으로 세상을 발견하게 된다. 사르트르는 타자성이 몰고 오는 이 괴로운 경험을 규정하기 위해 이런 말을 했다. "타인이 나의 세계를 훔친다." 이 경험은 즉각적으로 이루어지는 것이 아니다. 타인의 관점에 접근하기 위해서는 세상을 보는 자신의 시각이 계속 바뀌는 상황이 반드시 뒤따른다. 타자성에 대한 이런 발견은 하나의 만남이 이루어졌으며 그 결과가 생겨나기 시작했다는 것을 의미한다.

물론 우리는 타인이 이 세상에 존재한다는 것을 이미 알고 있다. 그런데 나와 타인과의 차이를 경험하게 해주고 그 차이 이상의 것을 필요로 하는 것이 바로 '만남'이다. 단순히 타인의 존재를 인식하는 일은 쉽게 이루어질 수 있다. 내 차 앞으로 누군가의 차가 갑자기 끼어들 때에도 나는 타인의 존재를 분명히 인식한다. 그러나 나는 그를 만난 것이 아니다. 직업적인 일 때문에 내가 누군가와 협력해야 할 때에도 나는 타인의 존재를 인식한다. 그러나 그렇다고 해서 내가 그를 반드시 만났다고는 할 수 없다. 누군가가 내게, 언제라도 다른 사람으로 대체할 수 있는 섹스파트너 역할을 해준다면 나는 그 사람의 존재를 인식하게 된다. 그러나 내가 그 사람과 잠자리를 가질 때마다 우리가 매번 만난 것이라고 말할 수 없다.

하지만 이와 반대로, 그 타인이 내 연인이 되고 내 친구가 되고 내 파트너가 될 때가 있다. 즉 내가 누군가의 시선과 마음을 통해 어떤 일에 대해 생각하지 않고서는, 더 이상 온전한 삶을 살고 있는 것 같지 않다는 느낌이 들 때가 있다. 바로 그럴 때 나는 내가 그 사람과 진정으로 만났다는 것을 알아채게 된다. 그런 느낌이 지속되는 동안 나는 나와 그 사람과의 차이점을 인식하고 그 사람이 지닌 타자성을 인식하게 된다.

사실 타인을 만나면서 겪는 경험이 이상하게 느껴질 때도 있다. 타인이 정말 나와 다른 사람이라면 내가 어떻게 그 사람의 입장에 있는 것을 가정할 수 있겠는가? 나와 그 사람의 차이점이 오히려 어떤 격차를 만들어서, 나로 하여금 그와 대면하고 그를 이해하고 그와 만나는 것을 방해하는 것은 아닐까? 그렇다면 타인과의 만남은 본질적으로 불가능한 것이 아닐까? 그러나 다행스럽게도 우리의 경험은 그런 우려들에 대해, 그것들이 오히려 반대라는 것을 증명해 준다. 우리의 친구들과 연인들, 그리고 사랑에 빠진 사람들 대부분은 자기가 누군가를 만났다는 사실을 의심하지 않는다. 하지만 그 만남이 실제의 사실이라는 것을 어떻게 확신할 수 있을까? 우리가 착각을 품고 있는 게 아니라는 것을, '영화를 찍고 있는 중'이 아니라는 것을 어떻게 확신할 수 있을까? 이런 질문에 대한 답은 바로 이것이다. 매일 매일 우리가 **자기중심적인 사고에서 벗어날 수 있다는** 점을 눈여겨보며, 타인의 시각을 통해 세상을 보는 일에 성공할 때마다, 우리는 앞에서 말했던 이론적인 불가능성을 뒤집을 수 있다. 삶이란 이론보다 더 강한 것이기 때문이다. 내가 당신의 눈으로 세상을 바라보게 되었기 때문에 이제 나의 눈에도 세상이 다르게 보인다. 그리고 그때마다 나는 당신을 만났다는 확실한 사실을 인식하게 된다.

이제 알랭 바디우의 철학적 사고를 통해 분석을 시도해

보자. 이제부터 할 이야기에는 연인들의 만남에 작용하는 관점이 들어있다. 바디우는 이런 말을 했다. "사랑은 […] 하나의 건축물이다. 사랑은 **한 사람**의 관점이 아닌 **두 사람**의 관점으로부터 쌓아 올리는 하나의 삶이기 때문이다." 모든 건축물들이 그러하듯 이 건축물을 완성하는 데에도 어느 정도의 시간이 소요된다. 타인이라는 존재를 발견하는 일에도 시간이 필요하고, 그 사람이 나와 얼마나 다른 시각으로 사물들을 바라보는지 이해하는 일에도 시간이 필요하다. 알랭 바디우는 이에 대해 근사한 말을 남겼다. "우리는 타인에 대한 탐험을 한 번도 마친 적이 없다." 우리에게 사랑이 없고 우정이 없다면 우리가 어떻게 위험을 감수할 수 있을까? 타인의 시선으로 세상을 바라보는 일, 그 불가능한 일을 어떻게 시도할 수 있을까? 이런 것들이 이루어지려면 사랑과 우정에 대한 지속적인 어떤 감정들이 필요하다. 그런 정서적인 감정들이 없다면 자신의 관점을 전환하는 지적인 경험도 완전히 불가능한 일이 되고 말 것이다. 즉 사랑과 우정이 없다면 우리는 타자성의 경험에 도달할 수 없다.

플라톤이 언급했던 이 수수께끼 같은 문장의 의미에 대

해 생각해 보자. "한 번도 누군가를 사랑해 보지 않은 사람은 철학을 할 수 없다." 만약 '자아에 대항하여' 생각하는 법을 배우기 위해 자기 의견 속에 틀어박히는 습관으로부터 빠져나오는 일이 철학을 하는 것이라면, 사랑은 내가 철학 속으로 들어가게 만드는 것이라고 할 수 있다. 왜냐하면 사랑은 내가 다른 사람의 입장에 자리를 잡을 수 있는 법을 알려주고, 자신의 정체성을 상징하는 위치가 아닌 두 사람의 차이를 상징하는 위치에서 세상을 바라보는 법을 알려주기 때문이다. 사랑의 그런 신호는 기만적인 허상이 아니다. 내가 나만의 유일한 정체성을 지닌 채 **'한 사람의 관점'**으로 예전과 비슷하게 사물을 바라보지 않고, **'두 사람의 관점'**으로 우리의 아름다운 차이점들로부터 비롯된 시각으로 사물을 바라본다면, 그것이 바로 내가 당신을 만났다는 증거가 되고, 하나의 온전한 대화가 시작되었다는 증거가 되기 때문이다. 이런 대화는 우리가 극장을 나오며 우리가 방금 본 영화에 대해 이야기를 나눌 때마다, 우리가 어떤 사회 문제에 대해 나와 상대방의 의견이 다르다는 것을 확인할 때마다, 그리고 우리가 서로 얼마나 다른 사람들인지 헤아려보게 될 때마다 계속 이어진다.

더욱이 타인의 관점을 향해 자기 마음을 여는 것은 불필요한 많은 오해들을 사라지게 하고 수많은 위기의 순간들을 넘기게 해준다. 자기 아내가 어떤 남자의 점심 식사 초대를 받아들여서 기분이 상한 남편의 모습을 한번 상상해 보자. 남편은 생각한다. 그 남자는 아내의 경쟁 업체에서 그녀와 같은 부서의 일을 하고 있기 때문에, 그 대화 자리가 아내의 경력에 도움이 될 것은 분명하다. 하지만 예전에 그 남자는 아내에게 약간 노골적인 수작을 걸었던 적이 있었다. 그래서 남편은 그녀가 마음의 문단속을 분명히 해주기를 바란다. 남편이 상상하기로는, 그 남자가 아내와 점심을 먹게 되면 기회를 놓치지 않고 아내에게 매력을 어필할 것만 같다. 간단히 말해서 그가 엉큼한 속셈을 품게 될 것이 분명하다. 그래서 남편은 이미 자기가 배신당한 것 같은 기분을 느끼고 있다. 남편이 그런 기분을 느끼는 이유는 그가 아내의 관점을 수용하지 않기 때문이다.

물론 아내도 그 남자가 전에 자기에게 작업을 걸려고 했던 일을 잊지 않고 있다. 그러나 그녀는 과거의 안 좋은 일은 그냥 흘려버리고 직업적으로 흥미로운 대화의 기회를 최대한 이용하고자 한다. 즉 아무 일도 없었던 것처럼 행동하고 싶은 것이다. 만약 그녀가 작업을 걸거나 환심을 사려고 하는 모든 남자들과 교류하는 것을 스스로 금한다면 그녀의 인간관계는 엄청나게 좁아질 것이다. 그래서 아내는 이 만남에 대해서 남편이 걱정하는 그런 점심 초대가 아니라고 선을 긋는다.

남편은 아내의 이런 사고방식을 수용하고 나서야, 자신의 실수가 무엇이었는지 깨닫는다. 과거의 그는 이런 종류의 일에 대해 자기가 무관심한 태도를 취하면 안 된다고 생각했지만, 자기의 관점을 전환함으로써 그 묘한 배신감으로부터 해방될 수 있었다.

플라톤은 고대 비극 경연대회에 참석하기 위해 새로운 장르인 철학적 대화법을 고안했다. 그는 그 대화법을 통해 '만남'을 찬양했다. 그의 말에 따르면, 서로 다른 관점들의 대립은 거기에서 하나의 사유를 만들어낸다. 또한 관점의 대립은 각각의 사람들이 발전할 수 있게 해주고, 타인의 위치를 부정하지 않고도 그 사람의 위치에 대해 마음을 열게 해준다. 그리고 타인의 위치를 더 깊이 있게 알 수 있도록 만들어준다. 사실 플라톤이 쓴 가장 아름다운 대화는 그의 스승 소크라테스가 아주 쉽게 상대를 압도했던 대화를 정리한 책들에 있는 게 아니라 『소피스트』나 『향연』에 담겨있다고 할 수 있다. 거기에는 모두 동등하게, 흥미를 끌만한 서로 다른 관점들이 존재하기 때문이다.

차이를 탐험하기 위해 애쓰는 시간

사랑이나 우정으로 연결된 어떤 만남에 있어서 중요한 것은 우리가 타인을, 그가 지닌 타자성을 통해 그의 방향 쪽에 존재하게 만드는 것이다. 알랭 바디우는 이렇게 설명했다. "사랑의 주된 적군, 즉 내가 무찔러야 할 것은 타인이 아니라 바로 나 자신이다. '나'라는 존재는 상대와의 차이점에 대항해서 항상 내 정체성을 세우고 싶어 하기 때문이다. 또한 '나'는 차이점이라는 투명한 프리즘 속에서 걸러지고 다시 지어진 세계에 대항해서 자기의 세계를 강요하고 싶어 하기 때문이다." 내가 당신을 만났는데도 불구하고 그 만남이 이 세상에 대한 나의 시각을 변화시키지 못했다면, 또한 내가 나의 '자아'에 너무나 매달려서 예전과 똑같이 세상을 바라본다면 나는 진정으로 당신을 만난 것이 아니다. 변화를 만들어내지 못했다면, 내가 수년째 당신과 같이 살았다고 할지라도 나는 당신이 지닌 타자성을 경험하지 못한 것이다.

바디우는 계속해서 말을 이어나간다. "'사랑'이란 것은 실존과 관련된 명제이다. 즉 자기중심적인 사고에서 벗어난 어떤 관점을 이용해 하나의 세상을 건설하는 것이다." 내가 당신을 만나게 될 때, 나는 혼자만의 자각으로 세상을 경험할 때와는 다른 방식으로 이 세상을 경험할 수도 있음을 알게 된다. "즉 그렇게 되면 나만의 단독적인 시각으로 세상을 보지 않고 이 세상과 만물이 생겨나는 자연스러운 방식으로 세상을 보게 된다. 사랑은 언제나 한 세계의 탄생에 참여하게 해주는 하나의 가능성이기 때문이다."

또한 바디우는 타인의 시각을 통해 보이고 지각되며 받아들여지는 세계에 대해서도 환기하고 있다. 나는 타인의 관점에 접근하자마자, 비록 그것이 부분적일지라도 한 세계의 탄생에 참여하는 것이다. 그리고 이 관점은 아마도 **세계에 대해** 내 존재가 지니고 있는 의식까지 깨어나게 한다. 이 세계란 우리가 지닌 인식의 차이를 넘어서, **우리 둘 모두가 살고 있는 그 세계**를 말한다.

만약 사랑이 '하나의 건축'이라면 그 사랑은 만남이 그 모든 위력을 발휘하며 지속되는 시간 속에 존재한다. 즉 진정한 경탄은 맨 처음 서로 첫눈에 반했던 그 순간보다, 상대방이 지닌 '나와의 차이를 탐험하기 위해' 애쓰는 시간 속에서 더 많이 느끼게 되는 법이다. 또한 상대방 역시 나처럼 세상의 풍요로움을 관찰하는 한 지점이자 주체이며 하나의 중심이라는 것을 알게 되고 놀라워하면서 진정한 경탄을 느끼게 되는 것이다.

데카르트는 신이 세상을 창조한 것에 대해 사유한 후 '연속적 창조론'을 세상에 내놓았다. 신은 모든 만물을 위해 세상을 한 번 창조한 것에 그치지 않고 끝없이 세상을 재창조한다는 것이 그의 주장이다. 그런데 만남도 이와 마찬가지라고 할 수 있다. 타인과의 만남은 단순히 어떤 특정한 한순간에만 이루어지는 것이 아니다. 우리는 매일 매일 계속해서, 사랑을 받기 위한 만남을 위해 달려가고, 타인의 타자성에 대한 우리의 경험을 깊이 있게 만들기 위해 달려간다. 우리는 이런 식으로 하나의 사랑 이야기를 구상할 수 있는 것이다. 이 사랑 이야기는 시간이 갈수록 약해지지 않고 오히려 그와 반대로, 사랑받는 상대방과 나의 차이를 탐험함으로써 더 활짝 펼쳐지고 더 확대된다. 이렇

게 해서 하나의 만남은 또 다른 만남을 이어지게 하는 초
대장이 된다. 내가 상대방의 신비로움에 다가가면 다가갈
수록 그 신비로움은 더욱 그 실체를 숨기게 마련이다. 또
한 타인은 완전한 타자성을 의미하는 것이므로, 내가 그
타인에 대해 조금씩 이해하게 되는 것들은 나로부터 벗
어나는 그 타자성에 대한 매혹을 더 커지게 만들 뿐이다.

그러므로 모든 상황은 이렇게 전개된다. 타인에 대한 신
비로움은 줄어들기도 하고(나는 점점 당신을 더 잘 알게 되므
로), 그와 동시에 늘어나기도 한다(당신이 지닌 신비로움은 당
신을 알아가는 내 인식에 저항하는 속성을 지니므로). 여기서 다
시 강조하고 넘어가자. 만남이 지닌 마법에 접근하기 위해
서는 논리적이고 계산적인 접근 방법을 뛰어넘어야 한다.

건설적인 사랑 vs 용해되는 사랑

타인이 지닌 차이에 대한 탐험이라든가 하나의 '건축'으로
서의 사랑의 개념은 우리가 '용해되는' 사랑이라고 부를 만
한 것들로부터 우리를 아주 멀리 떨어뜨려 놓는다. '용해되
는 사랑'은 주로 청소년기에 상대를 이상화하는 감정에서

비롯되곤 한다. 그때의 우리는 각자 독립된 두 사람으로 지내는 것보다, 즉 하루하루 지날수록 상대방이 얼마나 나와 다른지 헤아려보는 것보다, 오직 하나가 되기를 갈망하고 하나의 커플로 용해되기를 갈망하는 경향이 있다. 또한 우리가 같은 것을 느끼길 바라고, 같은 욕망과 취향을 갖길 바라고, 같은 생활을 영위하기를 바라며, 어디서나 우리가 함께하기를 바라고, 심지어는 항상 같은 파장의 감정을 갖기를 바란다. 즉 우리는 사랑을 최고의 형태로 구체화하기 위해 사랑의 용해를 꿈꾸게 된다. 예를 들어 이제 '나'라고 말하는 것 대신에 '우리'라는 표현을 사용하고, "우리는 그 영화가 정말 실망스러웠어요"라는 식으로 말하기 시작한다. 또 사람들에게 우리를 소개할 때, 두 사람의 개인이 아닌 한 쌍의 커플로 소개를 한다. 그리고 둘이 하나가 되는 용해의 감정이 무척 아름답고 낭만적이라고 생각하며 이렇게 말한다. "우리는 혼자일 때로 돌아갈 수 없을 만큼 서로 사랑하고 있어."

하지만 한 개인에 대한 관심은 이 세상에서 유일하다고 여겨지는 그 사람 자신이 되는 데서 시작된다. 즉 유일한 하나의 존재로서 그가 지닌 신비로움이 우리를 매혹시키는 것이다. 그런데 이 개인이 타인의 존재 속에서 녹아버리고 한 쌍의 커플 속으로 자취를 감춰버린다면, 그는 자신이 아닌 다른 사람이 된 것처럼 느끼고 생각하게 될 것이다. 그러면 그는 독특한 개성을 잃어버리고 냉철한 비판의 시선도 사라지며 자기만의 매력까지 사그라진다. 게다가 그런 용해 작용은 아주 흔히, 불균형까지 이루고 있다는 사실을 덧붙일 필요가 있겠다. 즉 두 사람 중 한 사람이 다른 한 사람보다 더 많이 용해되어 자기의 모습을 감추게 된다. 그것은 한 사람이 다른 사람에 대해 우위를 차지하며 그의 존재를 지워버리기 때문이다. 더욱이 두 사람 중 **한 사람이 이렇게 사라지는 일**은 종종 그의 '동의'를 통해 이루어지곤 한다. 커플을 이루고 있는 그가 더 이상 그 자신을 충분히 사랑하지 않는다면, 또 홀로 존재할 수 없는 상대방에 대해 그가 너무 많이 의존하게 된다면, 그 커플은 불행한 소멸 현상을 더 크게 경험하게 될 것이다.

알랭 바디우는 한 사람이 다른 사람에게 용해되는 이런 사랑에 반대하며, 그런 사랑이 가져다줄지 모르는 폐해에 맞서서, 사랑에 대한 훨씬 더 현대적인 비전을 우리에게 제시했다. 그것은 어떤 의미에서 꽤 낭만적인 것이기도 하다. 비록 이 비전에는 두 사람의 완전한 용해를 통해 한 사람이 자기를 내던지거나 망각하는 그런 열정적인 낭만성이 들어있지 않지만, 매일매일 타인이 주는 신비로움 앞에서 새롭게 느끼는 감탄이 들어있기에, 전자보다 훨씬 더 구체적이고 효과적인 사랑의 형태라고 할 수 있다. 게다가 이런 사랑에는 타인이 그 사람 자체로 남아있게 된다. 내가 그에 대해 알고 있는 모든 것들에도 불구하고, 우리의 공동의 삶과 우리의 습관에도 불구하고, 우리의 친밀함과 동반자적인 관계에도 불구하고, 또한 내가 그에게 쏟아 붓는 그 모든 사랑에도 불구하고 말이다.

그러므로 일상에서 다음과 같은 말들을 할 때 조심해야 할 필요가 있다. 우리를 지칭할 때 마치 우리가 하나의 목소리를 내는 커플인 것처럼 이야기하고, 한 사람이 다른 사람을 용해한 것처럼 보이게 만드는 표현들이 그것이다. 또 개인의 근사한 차이점을 부정할 우려가 있는, '우리'라는 단어 자체도 경계할 필요가 있다.

우리는 타인이 지닌 타자성이라는 보물을 가능한 한 소중히 여겨야 한다. 사람들이 다소 왜곡해서 쓰는 '우리'라는 대명사에 대해 호감을 갖고 있든 반감을 갖고 있든지에 상관없이, 어쨌든 타자성의 고유한 광채가 흐려지지 않도록 해야 한다. '사랑'이란 것이 우리의 차이점들이 사라져 버리는 집이 되어서는 안 된다. 오히려 우리의 차이점들이 그 안에서 당당한 권리를 갖고 있고 존중받고 탐구되며 사랑까지 받는 아늑한 전당이 되어야 한다.

예를 들어 〈매디슨 카운티의 다리〉의 여주인공 프란체스카는 로버트와 함께 살지는 않았지만, 카메라 파인더를 통해 비친 아이오와의 다리들을 로버트의 시선으로 계속 바라보았다. 프란체스카와 로버트는 한 쌍의 연인이 되지 못했고 황홀한 일탈의 경험을 한 후에 서로 헤어졌다. 그러므로 그들은 한 사람이 다른 한 사람에게 '용해되어' 사라지지 않았다. 세월이 지나서 상대가 부재하는데도 불구하고, 그들에게 있어 이 세상은 여전히 상대방의 시선을 통해 바라본 모습으로 비치고 있었다.

에밀리 뒤 샤틀레와 볼테르의 만남

빛의 세기인 18세기에 만났던 볼테르와 에밀리 뒤 샤틀레는 사랑의 만남에 관한 아름다운 본보기를 우리에게 보여준다. 그들이 타자성의 경험을 오랫동안 지속했기 때문이다. 샤틀레 부인은 귀족 가문 출신이었고 부유한 자산가였다. 또한 그녀는 과학자이기도 했는데, 그 당시에는 거의 무명에 가까웠던 과학자 아이작 뉴턴이 쓴 『자연철학의 수학적 원리』를 프랑스어로 처음 번역한 업적으로 유명하다. 철학자이자 극작가였던 볼테르는 샤틀레 부인을 만난 후 그녀를 통해 물리학과 수학 분야를 더 심도 있게 이해할 수 있는 기회를 갖게 되었다. 그는 수학자인 모페르튀이에게 보내는 편지에 이런 말까지 썼다. "나는 에밀리의 관점으로 뉴턴의 철학을 공부하고 있습니다. 내 입장에서는 뉴턴의 책을 직접 읽는 것보다 그 방법이 더 쉽게 느껴지거든요."

이렇듯 두 연인은 학문에 대한 열정을 공유했다. 그들의 이런 방식은 진지한 문제에 있어서 만큼이나 자질구레한 문제에서도 유용했다. 하지만 그 무엇보다도, 그들이 샤틀레 후작 소유의 시레이 성에 머물렀던 14년 동안 가장 사랑했던 것은 바로 자신들의 차이가 심화되는 순간들이었다. 에밀리의 남편인 샤틀레 후작은 볼테르처럼 빛나는 지성을 지닌 학자를 자기의 성에 묵게 한다는 사실에 우쭐해하면서, 정략결혼으로 맺어진 결혼생활 동안 이어진 배우자의 외도에 대해서 대수롭지 않게 여겼다. 그 덕택에 볼테르와 에밀리가 함께한 14년의 세월은 다음과 같이 지속되었다. 낮에는 학문적인 연구에 매진하면서 열띤 토론을 벌였고, 밤에는 사교계 만찬을 열어 모페르튀이나 리슐리외 같은 유명 인사들과 교류했다. 또한 두 사람이 함께 수정해서 완성한 볼테르의 연극을 극장에서 상영하기도 했으며, 깊은 밤에는 뜨거운 사랑을 나눴다. 지식에 대한 지독한 갈증이 충족되고 나면 편안한 안도감이 찾아오곤 했다. 타인의 눈으로 세상을 새롭게 발견한 14년 동안의 교류는 이런 식으로 이어졌다.

사실 교제 초기에 볼테르는 에밀리가 연구를 하는 동안에 보이는 맹목적인 열정의 원동력이 무엇인지 알아차리지 못했다. 주로 과학 분야의 주제들에 품고 있던 열정으로 인해, 그녀는 수많은 밤을 꼬박 새우기도 했고 건강이 악화되기도 했다. 하지만 덕분에 그녀는 볼로뉴 과학 아카데미 명예회원으로 뽑힌 유일한 여성이 될 수 있었다. 그녀가 살았던 18세기에는, 여자들이 나라를 다스릴 권리도, 나라를 지킬 권리도 갖고 있지 않았고, 심지어 문학 살롱들도 문학에 대해 무례한 야유를 보내는 사교계 남자들이 주도하고 있었다. 에밀리는 과학 연구 쪽으로 야망을 품고 있던, 거의 유일한 여성이었다.

그녀는 『행복론』에서 그 주제로 글을 썼다. "연구에 대한 애정은 남자들의 행복보다 여자들의 행복을 위해 더 필요하다. 남자들은 행복해지기 위한 무한한 방편들을 갖고 있지만 여자들에게는 그것들이 거의 없기 때문이다. 다시 말해 남자들에게는 영광스러운 자리에 도달하기 위한 많은 수단들이 존재한다. 조국의 발전을 위해 자기의 재능을 유용하게 쓰려고 하거나 또는 다른 국민들에게 봉사하는 데 재능을 쓰려고 하는 남자들의 야망은 확실히, 여자들이 학문 연구에 대해 품을 수 있는 야망보다 우위를 차지하고 강하다. 즉 남성들은 용병술에서 솜씨를 발휘하거나 정치를 하는 재능, 협상을 하는 능력 등을 통해 여자보다 더 큰 기대와 야망을 가질 수 있는 것이다. 그렇지만 여성들은 남성들보다 낮은 사회적 위상으로 인해 명예로운 직위에 올라가는 일에서 배제된다. 어쩌다 매우 고결한 정신세계를 갖고 세상에 태어났다고 해도 그녀에게 돌아오는 학문 연구의 범위는 제한되어 있다. 그것은 그녀를 위로해 주기 위해 남은 것들일 뿐인데, 모든 연구에서의 소외와 부차적인 직위 등이 그것을 증명해 준다. 그럴 때 그녀는 자신이 '여성'이라는 형을 선고받았다는 것을 인식하게 된다." 볼테르는 에밀리 뒤 샤틀레와의 교류를 통해 지식과 야망, 그리고 동시대에 대한 또 다른 관점을 파악하게 되었다. 그리고 이 세계에 대한 또 다른 관점도 알게 되었는데, 프랑스 역사상 처음으로 제기된 '여성'과 '페미니즘'에 관한 관점이 바로 그것이다.

그런데 타자성에 대한 이 경험은 사회적인 관습에 있어서도 똑같이 작용하고 있었다. '여신 에밀리'는 화를 낼 때면 마치 화산이 폭발하듯 했고 매우 다혈질적이었다. 또 그녀는 성격적인 면에서 한 남자가 만족시키기 힘든 다양한 욕구들을 갖고 있었다. 반면에 볼테르는 평범한 시민 계급 출신의 남자였다. 즉 여성이 자기의 가정과 아이들, 남편을 위해 완전히 헌신해야 하는 평민 가정에서 성장했다는 뜻이다. 이렇게 두 사람은 서로 완전히 다른 성장 배경을 지녔다. 다른 귀족 출신의 여성들이 그랬던 것처럼 에밀리도 그 빛의 세기에 불어왔던 자유의 바람을 온몸으로 끌어안고 싶어 했고, 세상의 모든 지식들과 모든 욕망들을 소유하고 싶어 했다. 그녀는 볼테르를 사랑하긴 했으나 보석과 도박을 좋아했고, 그만큼이나 뉴턴과 로크의 학설에 깊이 빠져있는 자유롭고 강인한 여성이었다. 사실 『캉디드』의 저자인 볼테르에게 있어서 그런 타자성의 경험은 굉장히 고통스러운 것이었다. 그러나 볼테르는 마침내 그녀가 지닌 관점을 취하게 되었고 에밀리의 자유를 받아들이게 되었다. 그는 심지어 그 자유를 아주 소중히 여겼다.

상대가 지닌 나와의 차이점에 대한 이런 경험은 사유의 영역에서도 분명히 작용하게 마련이다. 에밀리는 라이프니츠의 이론에 비추어볼 때 낙관주의자였다. 그 낙관주의 이론은 '세상의 최적의 상태(철학자 라이프니츠가 주장했던 이론이다. 그의 예정조화설에 따르면 세계를 이루는 최소 단위인 '모나드'는 그들 전체가 가장 최상의 질서를 이루는 방식으로 구성되어 있고, 이 세계는 신에 의해 예정되어 있어서 최선의 질서를 얻는 것이다. 라이프니츠가 지닌 낙관주의적 사고를 파악할 수 있는 주장이다. -역주)'를 창조한 신의 존재에 대한 증명을 수학이라는 학문에서 찾는다. 전체성의 관점에서 사물들을 파악하는 이 방식, '세상의 최적의 상태'라는 이론을 투영해서 부정적인 부분까지도 상대화해 버리는 이런 방식은, 볼테르적인 관점과 완전히 상극을 이루었다. 종교에 대해 비판적인 시각을 갖고 있었고 교리보다 반어법적인 수사법을 더 선호했으며, 거창한 학설보다 짧은 분량의 원고 읽기를 더 좋아했던 볼테르는 라이프니츠적인 낙관주의를 높이 평가하지 않았다. 하지만 그는 자기 연인의 학문적인 관점을 이해하려고 노력하면서 자기의 입장을 고수해 나갔다.

볼테르는 그녀의 지지를 받기도 하고 그녀와 서로 상반된 관점에서 논쟁을 벌이기도 했다. 그의 대표작 『캉디드』를 두 사람의 이런 차이점에 비추어보면, 그 내용을 더 잘 이해할 수 있다. 볼테르는 그 잔인한 내용의 이야기를 통해, 라이프니츠의 낙관주의를 겨냥하면서 자기의 연인이 가진 낙관론의 관점에도 분명히 손을 뻗고 있다. 잔인하고 폭력적인 장면들(피로 물든 전투 장면, 지진, 강간 등등)이 줄지어 늘어선 가운데 라이프니츠의 이 유명한 말이 등장하는 것이다. "이 모든 것들은 세상의 최적의 상태 속에서 최고의 질서를 위한 것이다." 볼테르는 서양 철학 사조 특유의 낙관주의적인 경향을 조소하기 위해 이런 과장법을 사용했다. 이를 봤을 때 그가 에밀리 뒤 샤틀레의 세계관을 추종하지 않았음은 분명하다. 하지만 우리는 그녀가 그를 논리적으로 설득하기 위해 얼마나 애썼는지 추측할 수 있고, 시레이 성에서 벌어졌을 그들의 열띤 토론에 대해서도 상상할 수 있다. 에밀리의 어떤 주장들은 그에게 일단 어느 정도 수용된 후에 최종적인 반대 선언을 받았을지도 모른다. 만약 볼테르에게 있어서 그녀에 대한 사랑이 없었더라면, 자기와 다른 시각에 대한 관심이 없었더라면, 그는 아마도 라이프니츠적인 낙관론에 대해 최소한의 신뢰도 갖지 않았을 것이다. 그리고 어쩌면 『캉디드』도 결코 쓰지 않았을지도 모른다. 이렇게 우리는 굳이 타인의 관점을 자기 관점으로 만들지 않고도 타인의 관점을 발견할 수 있다.

에밀리 뒤 샤틀레 역시, 볼테르와 마찬가지로 14년의 세월 동안 그의 입장에 서서 그의 인생과 그의 성격을 이해하려고 노력했다. 두 번이나 비참한 감옥살이를 했던 일, 로앙 샤보의 시종으로부터 천한 하층민 취급을 당하며 몽둥이로 맞은 사건, 파리에서 도망쳐야 했던 일, 영국으로 추방당했던 경험, 자기의 주장을 굽히지 않는 성격, 자기의 안전과 두 사람의 행복을 유지하기 위해 생각의 자유를 항상 고집스럽게 유지했던 면모 등이 그것이다. 사실 볼테르가 썼던 『철학적 편지』는 권력자들의 심기를 굉장히 불편하게 만들었고 에밀리 역시 언짢게 만들었다. 유럽의 으리으리한 궁전들과 화려한 살롱들을 누비고 다니는 삶에 익숙했던 에밀리는 볼테르에게서, 자기와 완전히 다른 어떤 급진적인 과격함을 발견하곤 했다. 그녀는 자기가 사랑하는 이 남자로부터 벌어지는 일들을 도무지 이해할 수 없었기에, 불안한 마음을 안고 며칠 동안 뜬눈으로 밤을 지새우기까지 했다.

하지만 그녀는 조금씩 그의 입장과 생각을 이해하게 되었다. 볼테르는 사회적 지배층이 군림하고 있던 그 시대에 안락한 모습으로 살고 있던 귀족 계층의 사람들, 즉 그녀가 성장했던 귀족 계층의 사람들과 완전히 달랐던 것이다. 그는 하루 빨리 자신의 능력을 증명해야 한다는 생각을 갖고 있었고 어영부영 낭비할 시간이 전혀 없었다. 영국에 추방되어 있다가 고국에 돌아온 볼테르는 여전히 프랑스의 군주제에 대해 비판적인 시각을 지니고 있었다. 그는 영국에서 느꼈던 것들을 토대로, 관용의 나라이자 프랑스의 악습을 갖고 있지 않은 그 나라를 찬미하는 듯한 글을 썼다. 에밀리는 볼테르처럼 급진적으로 바뀌지는 않았지만 그의 생각을 잘 이해하고 있었다. 더구나 그녀는 그의 급진성에서 어떤 아름다움까지 감지하곤 했다. 플라톤의 말은 역시 옳았던 것이다. 사람이 사랑을 하지 않은 채로 어떻게 나와 타인의 차이점을 그토록 가깝게 경험할 수 있겠는가?

이제 결말이 남았다. 일생일대의 로맨스가 막을 내린 이후에 에밀리의 죽음이 찾아온 것이다. 그러나 볼테르는 자기의 연인이 쌓아올린 업적의 가치를 인정받기 위해 그녀가 세상을 떠난 이후에도 계속해서 그녀의 연구를 이어갔다. 덕택에 그녀가 번역했던 뉴턴의 『자연철학의 수학적 원리』에는 하나의 챕터라 할 수 있을 만큼 자세한 주석이 달리게 되었다. 철학자 볼테르는 그 책에서 전개된 몇몇 주장들에 대해 동의하지 않았음에도 불구하고 책의 출판을 위해 고군분투했다. 그녀의 죽음조차 그의 열정을 가로막지 못했다. 이렇듯 타인은 우리가 타자성의 경험을 계속 이어나갈 수 있도록 만들어주는 존재이다.

위대한 문학 작품들과 위대한 그림들, 또 위대한 영화들의 공통적인 속성이 바로 이런 게 아닐까? 그 속성은 주체로서의 우리가 평소에 머물던 일상의 자리에서 몸을 일으키게 만든 후에, 우리에게 새로운 세상을 보여주는 것일지 모른다. 다른 시선으로 보게 되고 다른 감성으로 느끼게 될 때, 이 세상은 다른 모습으로 관찰되고 경험될 수 있으니 말이다. 또한 이 속성은 우리로 하여금, 화가의 붓질과 작가의 펜, 영화감독의 카메라를 통해, 우리가 한 세계의 탄생에 기여하도록 만들어주는지도 모른다.

내 삶이 아닌 다른 삶들

누구나 한 번쯤 어떤 예술 작품이나 그림 한 점, 소설 한 편, 영화 한 편과의 접촉을 통해, 내 삶이 아닌 다른 삶을 경험해 보았을 것이다. 내가 최근에 이렇게 내 중심이 다른 곳으로 쏠리는 것 같은 경험을 한 것은 바로 엠마뉘엘 카레르의 소설『왕국』의 독서를 통해서였다. 이 소설은 오랫동안 무신론자로 지냈던 작중 화자가 어떻게 몇 년간의 신앙생활을 경험하게 되었는지, 또 어떻게 신의 '왕국', 아니 더 정확히 말하면 예수의 '왕국'을 한동안 발견하게 되었는지에 대해 이야기하고 있다. 그러나 이 신앙은 처음에 돌연 생겨났던 것처럼 돌연 사라져 버린다. 나는 이 방대하고 매혹적인 책에 푹 빠져들어서 그리스도의 삶에 대한 공부도 했고, 내가 겪었던 신비로운 경험에 대한 개인적인 숙고의 시간도 가졌다.

작품 속으로 들어가 보자. 어느 날 아침, 예수의 시신이 무덤에서 사라져 버리고, 이 사건은 성사(聖史)에 하나의 휴지기를 만들어놓았다. 책 속에서 신의 왕국은 이 세상 너머의 어느 다른 곳에 존재하지 않으며, 지금 바로 여기에 존재한다. 작중 화자처럼 나 역시도 원래 무신론자이자 불가지론자였기에 이 책을 읽기 전에는 기독교적인 믿음의 실체와 가까이 닿았다고 느낀 적이 한 번도 없었지만, 책을 읽은 후에 그 상황은 역전되었다. 그 경험의 첫 번째 걸음은 그리스도의 부활을 믿는 것으로부터, 그리고 누군가가 예수의 시신을 훔쳐간 것이 아니라 예수의 삶 전체가 현성용(顯聖容, 거룩한 모습을 드러내는 일. 예수가 이스라엘의 타보르산 위에서 자신의 거룩한 모습을 드러낸 일을 뜻한다. -역주) 했다는 성사를 믿는 것에서 시작되었다. 모든 상황이 뒤집어지기 위해서는 복음서의 이 성스러운 소식을 받아들이는 것만으로도 충분했다. "그리스도께서 부활하셨도다."

나는 이 작품의 독서를 통해, 지금까지 이 세계를 '합리적인 서구'로, '의심을 멈추지 않는 회의주의적인 세계'로 인식했던 습관을 내려놓게 되었다. 또한 나는 나의 내면에, 내가 그 존재를 의심하지 않는 하나의 신비로운 공간을 심어놓았다. 그러고는 그 신비의 눈으로 세상을 바라보기 시작했고 그 신비의 마음으로 세상만물을 느끼기 시작했다. 요약해서 말하자면 나는 한 권의 책을 만났고, 이 책을 통해 책의 저자와도 만났다. 오늘날까지도 내 안에는 이성을 초월한 신비로움의 공간이 남아있는데, 그것은 아마도 기독교에 대한 영역일 것이다. 이 책의 독서를 통해 나는 그 세계에 대해 마음을 열었다. 그렇다고 해서 내가 기독교 신자로 변모한 것은 아니다.

　다만 나는 이 작품을 읽은 경험이, 즉 몇 달에 걸쳐 내가 겪은 미적인 경험이 내 내면성의 경계를 밖으로 밀어냈다는 사실을 말하고 싶다. 나는 이 경험을 통해, 내가 가진 시각과 다른 결을 지닌 시각에도 마음을 열게 되었다. 엠마뉘엘 카레르의 다른 작품 『내 삶이 아닌 다른 삶들』이라는 제목처럼 말이다. 이 작품 역시 타자성을 경험하는 문제에 대해 다루고 있다. 이 작품의 작중 화자인 작가는 파리에서 특권층의 삶을 영위하다가 나중에 새로운 시선으로 세상을 보게 된다. 지진 해일로 인해 소중한 아이를 잃은 한 부부의 시선과, 산더미 같은 빚의 올가미에 갇힌 사람들의 시선으로 세상을 재발견한다. 너무나 아름다운 이 소설은 그 제목만으로도 이번 장의 주제를 요약한다. 당신을 만나는 것, 그것은 '내 삶이 아닌 다른 삶'도 있다는 것을 자각하는 것이다.

플라톤이 말했듯이 우리가 철학을 하려면, 그리고 타인의 관점을 받아들이는 데 성공하려면 타인을 사랑해야 한다. 물론 우리로 하여금 타자성의 경험을 하도록 만들어주는 것은 사랑과 우정뿐만은 아니다. 책에 대한 사랑, 우리의 시야를 열어줄 수 있는 작품들에 대한 사랑, 작가들을 향해 품고 있는 그 특별한 사랑 역시 타자성을 경험하도록 해준다.

변화하다

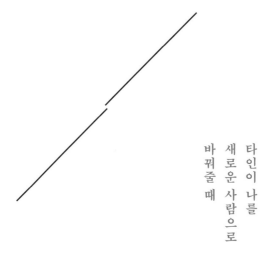

타인이 나를
새로운 사람으로
바꿔줄 때

타자성의 경험은 이르게, 혹은 뒤늦게 어떤 결과들을 만들
어내며 끝난다. 타자성의 경험을 통해 나는 당신의 관점을
알게 되고, 당신과의 접촉 덕분에 변화한다. 나는 당신을
만남으로써 새로운 길로 들어섰고 내 습관들 몇 개를 고쳤
으며, 내 의견들 중 일부를 수정했다. 이 만남 덕분에 내 취
향 역시 진화하게 되었다. 이런 상황에 놓이게 된 나는 더
이상 예전과 같은 방식으로 행동하지 않는다. 간단히 말해

서 나는 변화한 것이다. 더 나은 쪽으로 변화했든 그렇지 않든 상관없이 말이다. 내가 당신을 만났다는 가장 확실한 증거가 바로 여기에 있다. 나는 내 존재의 조각배를 다른 곳으로 끌게 되었다.

알베르 카뮈와 마리아 카자레스의 만남

작가 알베르 카뮈는 여배우 마리아 카자레스를 만난 뒤 두 사람이 12년간 교류하며 쏟았던 열정이 얼마나 자신을 변화시켰는지에 대해 수차례 강조하곤 했다. 배우이자 스페인 국무총리의 딸이었던 마리아 카자레스는 프랑코 독재 정권이 고국을 점령하자 프랑스로 망명한 인물이다. 그녀는 미셸 부케와 장 빌라르, 제라르 필립과 같은 유명한 배우들과 함께 무대에 오르기도 했다. 카뮈와 마리아가 주고받은 천 페이지가 넘는 서신들을 훑어보면, 카뮈가 그녀에게서 '수많은 가능성들'-한없이 다정한 성향을 갖는 것, 여러 갈래로 흩어지지 않고 한 사람에게 몰두할 수 있는 집중력을 갖는 것, 삶에 대해 항상 긍정하는 사고방식을 지니는 것-을 발견했음을 알 수 있다. 마리아 카자레스에 대한 사랑이 없었다면 그는 아마도 그 가능성들을 실현시키지 못했을 것이다.

두 사람의 만남은 1944년 6월 6일, 역사적인 노르망디 상륙 작전의 날에 이루어졌다. 카뮈는 그날의 만남에 대해, 그녀가 자신의 삶을 일으켜 세워준 순간이라고 표현했다. 카뮈는 그녀에게 보낸 편지에 이렇게 적었다. "당신이란 사람은 내가 긍지를 느끼지 못하던 내 삶에 우연히 들어왔습니다. 그리고 그날부터 무엇인가가 변하기 시작했죠. 나는 일상에서 더 편안히 호흡하게 되었고 세상만사에 대한 반감과 혐오를 줄일 수 있게 되었습니다. 또한 나는 그럴 만한 가치가 있는 것들에 대해 자유롭게 찬미하게 됐어요. 당신 앞에 설 때, 또 당신이란 존재의 바깥에 있을 때 나는 어떤 것에도 집착하지 않게 됐습니다. 당신이 가끔 놀리곤 했던 내 능력은 단지 외로운 능력이고 부정적인 능력이었던 것입니다. 나는 당신을 통해 그 능력보다 더 많은 것들을 받아들였습니다. 살아가는 법을 배우게 된 것이죠. 아마도 그래서 내 사랑의 감정에 항상 크나큰 고마움의 감정이 깃드나 봅니다."

그들이 주고받았던 편지들을 훑어보게 되면, 두 사람의 만남에 비추어 카뮈의 특정한 작품들을 다시 읽어보고 싶은 마음이 든다. 특히 『반항적인 인간』은 그들이 처음 사랑의 열정을 나누었던 연애 초기에 쓰인 작품인데, 집필로부터 몇 년이 지난 1951년에 출판되었다. 이 작품 속에서 반항적인 인간은 불의를 보거나 용납할 수 없는 일을 목격할 때 '아니요'라고 할 수 있는 사람이다. 하지만 그는 단순히 자기의 이름을 걸고 그것을 거부하는 것이 아니라 인간 존재들의 총체성이라는 이름으로 '아니요'라고 말한다. 즉 그는 자기가 그것을 받아들일 수 없다면 그 누구도 그것을 받아들여서는 안 된다고 생각하기 때문에 그렇게 한다. 카뮈는 이런 말을 했다. "한 사람의 노예는 만인의 이름으로 길들여지는 것이다." 그는 불의에 대해 이렇게 부정을 하는 것은 삶에 대한 무궁무진한 긍정을 항상 동반하는 것이라는 사실을 강조했다. 즉 반항적인 인간은 자기가 받아들일 수 없는 것에 대해 거부하면서, 마땅히 그렇게 되어야 하는 방향의 삶에 대해서는 승낙한다. 그러므로 그가 지닌 거부의 힘은 그와 동시에 승낙의 힘이 되기도 한다. 따라서 허무주의자는 사실 반항적인 인간이 아닌 것이다. 카뮈와 마리아 카자레스의 만남이 존재하지 않았다면 아마도 카뮈가 말했던 반항적인 인간은 본질적으로 '아니요'의 인간형으로, 거절과 거부의 형상으로만 만들어졌을 것이다. 다시 말해서 이 희망적이고 긍정적인 철학자, 그토록 귀하고 심오한 정신을 지닌 이 안내자는 존재하지 않았을지도 모른다.

카뮈는 마리아에게 보내는 편지 속에서, 자신이 그녀에게 빚진 것이 있다면서 이런 말을 했다. "당신은 내가 갑자기 내 모든 열정의 힘을 오직 한 사람에게만 쏟아 붓고 있다는 것을 눈치 채지 못했을지 모릅니다. 예전에는 그 열정을 아무에게나 무작정 흘려보냈거든요. 어떤 경우에서든 말입니다." 사실 이 작가에게는 소위 '바람둥이'라는 평판이 따라다니고 있었다. 아마도 그는 수많은 여자들과 만났을 것이다. 그러나 그가 500통의 편지를 써서 보냈던 여성은 단 한 사람, 마리아 카자레스였다. 다른 여자들에 대해 말하자면, 그는 마리아와 교류했던 방식과 같은 방식으로 그녀들을 만나지 않았다. 즉 그는 마리아와의 접촉을 통해 진정으로 변화한 것이다. 실제로 그는 예전에 자기가 지닌 열정의 힘을 아무 곳에나 흘려보냈다고 그녀에게 고백했다. 하지만 이제 그는 자신의 열정을 분산시키지 않은 채, 자신에게 소중한 한 사람에게만 정성을 기울일 수도 있다는 것을 스스로 터득했다. 자아도취증이 있는 사람들은 자기가 쟁취한 이성들을 목록에 한 명씩 추가하는 일이 즐거움의 원천일지 모른다. 하지만 카뮈는 마리아 카자레스를 통해, 그런 정복적인 사랑과는 다른 유형의 사랑을 발견했다. 그것은 자신이 아닌 타인 쪽으로 더 많이 기운 사랑이었다. 즉 자기가 지속적으로 정착할 수 있고, 단순한 즐거움에만 그치지 않는 어떤 진정한 행복을 길러내는 사랑을 찾은 것이다.

자신을 발견하고 또 타인을 발견하기 위해서는 이렇듯 지속 가능한 시간성의 가치가 필요하다. 또한 카뮈와 마리아가 주고받았던 아름답기 그지없는 편지들은 오늘날 우리가 잡담을 나누며 자주 확인하게 되는 애정의 실체가 무엇인지도 알려주고 있다. 사실 이제는 서로 먼 곳에 있는 연인들도 연애를 이어가는 게 가능해졌고, 지리적으로 멀리 떨어져 있다거나 둘이 직접 만나는 것이 불가능하다 해도 계속 연락을 유지할 수 있게 되었다. 알베르 카뮈와 마리아 카자레스의 경우에도, 이 두 사람이 함께 보낸 모든 사랑의 시간을 되돌아본다면, 아마 서로 얼굴을 직접 본

순간보다 서로에게 편지를 쓴 시간이 더 많았을 것이다. 이 연인은 편지를 쓰며 둘이 함께했던 순간들의 기억을 다시 떠올리기도 하고 흥미로운 점을 덧붙이기도 했다가, 과거의 이야기를 부분적으로 상상해서 지어내기까지 했다. 이것을 통해 편지로 사랑을 속삭이는 일도 직접 만나는 일 못지않게 열렬한 기쁨을 선사할 수 있음을 알 수 있다.

그런 면에서 대비되는 인물을 하나 떠올려 보자면, 모든 여자들을 유혹하는 바람둥이 캐릭터의 대명사 동 주앙이 있다. 그는 변하지 않는 사람이다. 따라서 그는 자기가 유혹한 모든 여자들 중 그 어떤 여자와도 진정으로 만났다고 할 수 없다. 카뮈가 어느 정도 그런 면모를 보였다고 할지라도 그는 동 주앙과는 다르다. 동 주앙 같은 호색한에게 있어서는 모든 여자들이 똑같은 모습을 하고 있기 때문이다. 즉 그 여자들은 그저 동 주앙이 자기 자신을 비춰 보며 자신의 모습에 감탄하게 되는 똑같은 거울을 그에게 내밀 뿐이다. 바로 그런 이유 때문에 이 호색한은 사랑에 대한 두려움, 진정한 만남에 대한 두려움을 갖고 있는지도 모른다. 그는 자신을 너무나 사랑해서 자신의 변화를 갈망하지 않는다. 그 반대의 경우를 가정해 본다면, 그는 자신을 전혀 사랑하지 않는 것이다. 그가 자신이 다른 누군가가 되는 것이 불가능하다고 믿고 있기 때문이다. 이 두 가지 경우 모두에서, 그는 만남 자체에 관심을 갖고 있지 않다. 그래서 그는 단지 고유한 자기 자신으로 남을 뿐이다.

아리스토텔레스는 『니코마코스 윤리학』에서 우정에 대한 근사한 정의를 내린 바 있다. "친구란 우리를 최고의 사람으로 만들어주는 누군가를 뜻한다." 친구란 단지 우리가 기댈 수 있거나 우리가 자신의 의혹과 두려움을 털어놓는 존재만을 가리키는 게 아니라는 뜻이다. 오히려 친구란 하나의 기회-'카이로스kairos'-라고 할 수 있다. 이 기회 덕분에 우리의 잠재적인 재능들은 꽃을 피울 수 있게 되고, 이 기회 덕분에 우리의 '능력'은 효과를 거두며 '현실적으로 이루어진다.' 우리에게 있어 이 능력은 그전에는 단지 가능성의 영역으로만 여겨졌던 것인데 말이다. 사실 우리는 친구와 경쟁관계까지 될 수 있고 혹은 그저 대수롭지 않은 방식으로 그를 바라볼 수도 있다. 하지만 아리스토텔레스가 말했던 의미에서 볼 때, 우리가 어떤 사람과 이어가는 관계가 우리 자신을 발전하게 만들어준다면 그 사람은 우리의 친구라고 할 수 있다. 어떤 교수의 강의들이 우리 내면에 새로운 지식에 대한 갈망이라든가, 아니면 우리가 전에 고려하지도 않았던 새로운 길로 들어서고자 하는 갈망을 일깨워 주었다면 그는 우리의 친구이다. 어떤 치료사가 우리로 하여금, 우리를 계속 괴롭혔던 증상들로부터 벗어나게 해주었다면 그도 우리의 친구이다. 어떤 동료가 우리로 하여금, 우리가 그에게 의지하여 위기 상황을 헤쳐 나갈 수 있게 해주고 다시 기운을 내도록 도와주었다면 그도 역시 우리의 친구이다.

아리스토텔레스가 정의했던 '친구'의 의미로 되짚어볼 때, 우리의 연인도 우리의 친구가 될 수 있다. 카뮈 역시 마리아를 통해서 진정한 만남을 인식하지 않았던가? 그녀는 그가 전진할 수 있게 해주었고 그가 자기의 삶에 대해 더 큰 자부심을 느끼게 해주었으며, 사람에 대해 금방 싫증내는 그의 성향을 잠재워 주고 오히려 경탄의 마음을 더 오래 지속할 수 있도록 만들어주었다. 물론 누군가에 대해 경탄하는 감정이 지닌 위력은 이미 그의 내면에 자리 잡고 있었지만 마리아와의 만남을 통해 그 재능은 "현실에서 이루어졌다." 아리스토텔레스가 썼던 단어를 그대로 이용하자면 말이다. 카뮈는 단지 마리아의 세계가 지닌 시야에만 마음을 열었던 것이 아니라 그 세계를 더 발전시켜 주었다. 우리가 타인과의 접촉을 통해 변화하게 된다면, 우리는 진정한 우리 자신이 되기 위해 얼마나 그들이 간절히 필요했었는지를 확실히 이해하게 될 것이다. 그래서 때로는 두려움과 불안이 담긴 이런 생각이 우리를 사로잡기까지 하는 것이다. 만약 우리가 좋은 사람들을 영영 만나지 못한다면, 우리는 우리의 존재를 완성하지 못한 채 불완전한 채로 삶을 마감하게 될지도 모른다고.

엘뤼아르와 피카소, 지고의 우정

피카소는 자신의 세계를 온전히 완성한 예술가의 전형이라고 할 수 있다. 항상 규범을 벗어난 작품들을 남겼던 이 창조자는 평범한 사람들이 그의 작품을 처음으로 접할 때 잘 파악하지 못하는 어떤 힘의 형체를 자신의 창작으로 구체화시켰다. 어쩌면 그 힘은 다른 사람 덕분에 얻게 된 힘일지도 모른다. 사실 피카소가 시인 엘뤼아르를 만나지 못했다면 그는 지금과 같은 위상의 화가로 남지 못했을지도 모르고, 그의 삶과 작품 세계도 달라졌을지도 모른다. 피카소와 엘뤼아르 사이에 피어났던 이 '지고의 우정'에 관해 알게 된다면 -특히 엘뤼아르의 역할에 집중해서- 우정으로 이어진 만남 역시, 사랑으로 이어진 만남과 마찬가지로 우리 자신의 또 다른 차원을 열어서 보여주는 저력을 갖고 있다는 사실을 이해하게 될 것이다.

피카소가 생전에 교류하고 우정을 나누었던 수많은 지인들 가운데 엘뤼아르는 특별한 자리를 차지하고 있다. 지인 대부분은 피카소에게 경외심을 갖고 있었는데, 그 존경심은 피카소가 그들을 존경했던 마음보다 훨씬 더 컸다. 하지만 피카소와 엘뤼아르의 관계는 좀 달랐다. 두 사람은 1920년대 이후에 만났다. 엘뤼아르는 이미 이 거장의 작품들을 수집하고 있었고, 피카소는 초현실주의를 지향하는 시인들과 교류를 하고 있었다. 잘 알려져 있다시피 엘뤼아르는 초현실주의 운동의 주요 인물이었다. 그러나 두 사람의 실질적인 만남은 1934년에 이루어졌고, 이 화가는 마치 지금까지 누군가와 한 번도 인간관계를 맺은 적이 없었던 것처럼 엘뤼아르와의 관계에 열중했다. 그 당시의 피카소는 전투적이고 정복적인 성향을 추구하는 방종한 예술가였다. 반면에 엘뤼아르는 매서운 정치적 관념을 갖고 있는 이상주의자이자 평화주의자였다. 그래서 피카소는 엘뤼아르와의 교류를 통해 타자성의 경험을 하게 되었는데, 이 화가는 그 타자성을 통해 예술적인 차원뿐 아니라 자신의 내면적인 차원에서도 큰 변화를 맞이하게 된다.

그 당시에 피카소가 지니고 있던 화가로서의 재능은 전 세계적인 찬사를 불러 모으기에 충분했다. 하지만 그는 항상 시인이 되기를 꿈꾸었다. 이를테면 피카소의 유명한 작품인 〈도라 마르의 초상〉과 〈누쉬 엘뤼아르의 초상〉에는 시적인 정서가 아주 뚜렷하게 느껴진다. 하지만 미술계의 거인이었던 피카소는 〈고통의 수도(首都)〉와 같이 숭고한 작품을 창작한 시인 앞에서 돌연, 자신의 존재가 자그맣다고 느끼게 된다. 그는 엘뤼아르의 곁에 있을 때 더 이상 위풍당당한 거물이 아니었고, 시인이 되려는 꿈을 이루지 못한 아마추어 시인일 뿐이었다. 그는 엘뤼아르가 몇 마디의 단어들을 이용해 환하게 빛나는 이미지들과 놀라운 광경을 창조하는 방식에 대해 감탄을 금치 못했다. 시인도 피카소의 창작 방식과 마찬가지로 사람들로 하여금 '보이게 만드는 비전'을 형상화하고 있었지만, 시(詩)라는 장르는 피카소에게 있어 가장 예술적인 장르로 보였다. 황홀한 매혹에 사로잡힌 피카소는 엘뤼아르에게서 어떤 경쟁심도 느끼지 않았으며 오직 존경심과 감탄의 감정만 간직하며 지냈다. 그런데 엘뤼아르도 이 화가와 똑같은 감정을 느끼고 있었다. 이 시인도 역시, 피카소와의 교류 덕분에 세상을 보는 법을 다시 배우는 것 같은 느낌을 받았다. 그래서 엘뤼아르는 1939년에 출판한 모음집 『보이게 만드는 비전』 서문에서, 여섯 부분으로 구성된 송사(頌詞) 위에 '파블로 피카소에게 헌정함'이라는 문구를 넣음으로써 자신의 존경심을 드러냈다.

모든 것들은 바로 당신의 눈에서 다시 탄생하네.
현재의 추억들을 바탕으로
질서도 무질서도 없이, 그저 단순히
무언가를 보게 해준다는 것의 매력은 이렇게 솟구치네.

엘뤼아르는 "20세기에 살았다는 것이 행복했다"고 단언했는데, 그 이유는 "피카소를 그 시대에 만날 수 있었다"는 사실 때문이었다.

그런데 피카소가 미술에 대해서 품고 있는 애정은 그가 여자들을 향해 품고 있는 사랑과 떼려야 뗄 수 없는 관계를 맺고 있었다. 이 화가는 이런 말을 자주 반복했다. "그림의 실체는 결코 순수하지 않다." 그는 자신에게 영감을 주는 뮤즈들과 모델들, 유부녀들과 애인들, 창녀들과 여자 조언자들을 많이 거느리고 있었다. 평소 매정하고 불성실한 호색한이었던 피카소는 병적인 소유욕으로 인해 질투심에 사로잡히기도 했다. 피카소에게는 여자라는 존재가 필요했지만, 여자들은 그에게 있어 그저 창작의 도구로 이용되고 있을 뿐이었다. 피카소의 여자들은 그에게서 도구화되었고 자주 그에게 '소비되었다.' 그는 그 여자들이 그의 부속품인 것처럼 행동하곤 했던 것이다. 그러나 피카소는 엘뤼아르를 통해 그의 아내인 누쉬 엘뤼아르를 만나면서 큰 전환점을 맞이하게 된다. 초현실주의 예술가들의 뮤즈였던 그녀는 피카소의 모델이 되었는데, 그는 그녀를 만나게 되면서, 여성에 대한 강한 소유욕만을 지닌 냉혈한의 시선을 거두고 새로운 시선으로 여자를 바라보는 법을 배우게 되었다. 자신의 여자가 아닌 타인의 여자를 그리는 법을 터득하게 된 것이다. 게다가 그녀는 피카소의 가장 가까운 친구의 여자였다. 피카소는 자기 소유의 여자가 아닌 여자도 자신을 위해 이젤 앞에서 포즈를 취해줄 수 있다는 점을 깨닫게 되었다. 즉 상대를 탐욕스럽게 정복하지 않더라도 그 상대를 경배할 수 있다는 것을 알게 된 것이다. 엘뤼아르는 롤랜드 펜로즈에게 보내는 편지에 이런 얘기를 적었다. "피카소는 마치 신의 축복을 받거나 악마에 홀리기라도 한 듯, 누쉬의 초상화들을 점점 더 황홀하고 경이롭게 그리고 있어. 그는 자기가 해야 할 일은 무조건 실행하는 보기 드문 예술가지. 그리고 그런 결단력 있는 창작 활동은 여전히 진행 중이야."

한편 피카소는 1934년까지 정치적인 문제들에 대해 큰 관심을 두지 않은 채 살고 있었다. 초현실주의 예술가들에게 끌렸던 피카소는 그들이 이행하는 정치적인 참여에 대해, 그리고 그들의 교조주의에 대해 항상 생경한 느낌을 받곤 했다. 그가 보기에 그런 교조주의는 개인적인 기호나 취미가 결여된 것처럼 보였기 때문이다. 하지만 엘뤼아르가 그에게, 독재적인 전체주의에 맞설 수 있는 유일한 방패인 공산주의에 대한 이야기를 들려주기 시작하자 변화가 찾아왔다. 이 시인이 피카소에게, 평화를 위한 전투는 정치적인 색뿐 아니라 미학적인 색도 띨 수 있다는 것을 환기시켜 주었던 것이다.

그러던 중 한 사건이 벌어졌다. 1936년 11월에 프랑코 장군이 이끄는 반란군이 마드리드를 함락하려는 목적으로 폭격을 시작했고 식량 공급마저 끊기 위해 그곳을 봉쇄했다. 그러나 마드리드의 시민들은 용감하게 저항했고 도시 중심지에 있는 사람들은 몸을 던져 전투에 참여했다. 이를 지켜본 엘뤼아르는 「1936년 11월」이라는 제목이 붙은 시를 《인류》잡지에 발표했다. 피카소에게 있어서 그 사건은 자기 친구가 창작한 시에 대한 존경심이 더욱 커지는 결정적인 계기가 되었다. 이 화가는 자신도 그와 같이, 투쟁을 위해 자신만의 예술을 창작할 수 있다는 사실을 깨달았다. 그렇게 스페인 내란이 이어지던 중, 1937년 4월 27일에 프랑코를 지원하는 독일의 비행기들이 작은 도시 게르니카를 폭격했고 이곳은 순식간에 처참하게 파괴되었다. 피카소는 엘뤼아르의 부탁에 따라 그 사건을 작품의 주제로 삼고, 파리 국제 박람회에 출품할 목적으로 그림을 그리기 시작했다. 엘뤼아르도 이 거대한 규모의 그림 옆에 곁들일 시를 창작했다. 하지만 그는 사람들이 이 비극적인 사건의 참상과 마주했을 때, 시보다 그림이 훨씬 더 효과적인 울림을 줄 거라고 확신했다. 사람들의 자각과 이해를 단숨에 촉발시키기 위해서는 시각적인 충격이 필요했던 것이다. 피카소의 가장 유명한 작품이 된 〈게르니카〉는 하나의 우정이 만들어낸 결과물이었다. 그러므로 이 작품의 본질적인 기원은 타인에게서 그 시작점을 찾아야 할 것이다.

피카소는 1937년, 그의 연인이었던 도마 마르의 초상화인 〈우는 여인〉을 그렸는데, 이 작품은 마치 〈게르니카〉에 덧붙인 추신처럼 보이는 작품이었다. 작품 속에서 도라의 눈물은 전쟁과 폭격의 충격이 남긴 참화를 상징하는 것처럼 보였기 때문이다. 그 전까지 피카소는 주로 여인들의 육체와 얼굴을 그림에 담았지만, 엘뤼아르를 만난 후 사회적인 투쟁에 동참하게 되면서 여인의 초상화 속에 정치적인 의미를 부여하게 되었다. 더군다나 그가 엘뤼아르와 만나지 않았더라면, 이후에 벌어진 이런 식의 정치적인 방향 전환까지는 하지 않았을 것이다. 《해방》 신문은 1944년 10월 5일에 이런 제목의 글을 게재했는데, 이 글의 발표는 엘뤼아르가 준비한 것이었다. "이 시대의 가장 위대한 화가 피카소가 공산당에 입당하다."

엘뤼아르는 1952년에 심장 마비로 사망했다. 그 당시 피카소는 공식적인 자리에서 처음으로 눈물을 보였다. 그 일에 대해 클로드 로이는 이렇게 회고했다. "장례식 다음

날, 방 한쪽에서 나와 친구들은 낮은 목소리로 이야기를 나누고 있었습니다. 그런데 피카소가 종이 몇 장을 꺼내더니 스케치를 시작했지요. 아마도 그는 엘뤼아르의 초상화 시리즈에 덧붙이게 될 어떤 주제를 떠올리며 작업을 시작한 것 같았습니다. 우리는 그저 말없이 그를 지켜보았습니다. 연필과 목탄이 도화지에 닿을 때마다 사각거리는 소리가 들려왔어요. 그때 놀랍게도 피카소가 이런 말을 했던 거예요. '문을 닫아주세요. 좀 춥군요.' 하지만 제 기억에 그는 전혀 추위를 타지 않는 사람이었어요." 사실 피카소는 사랑에 있어서든 우정에 있어서든 아주 차가운 사람이라는 평판을 받던 인물이었다. 하지만 엘뤼아르와의 관계에 있어서 그는 전혀 다른 얼굴을 보여주었다. 그 얼굴은 자기 친구를 영원히 잃은 슬픔에 잠겨 사람들 앞에서 눈물을 흘리는 얼굴이었다. 엘뤼아르와의 만남이 피카소로 하여금 불러일으킨 변화는 자신의 내면에 숨어있던 그런 인간적인 유약함까지 드러나도록 베일을 벗긴 것이다. 얇은 티셔츠 바람으로도 추운 겨울날을 보내는 데 익숙했던, 활활 타오르는 불의 기운을 가졌던 이 남자는 자신도 서늘한 추위를 느낄 수 있다는 것을 알게 되었다. 온갖 아이디어와 욕망이 항상 머릿속에 넘쳐흘렀던 이 창조자는 친구의 죽음이 자신에게 남겨놓은 공허의 빈자리를 조용히 응시했다.

만남의 진정한 저력은 바로 이런 것이다. 그것은 변화를 가져오는 하나의 강력한 힘이다. 마리아 카자레스를 만난 알베르 카뮈는 자기 내면에서 애정과 증오의 관계가 뒤집어졌다는 것을 알게 되었다. 또한 폴 엘뤼아르를 만난 파블로 피카소는 기꺼이 본래의 인간적인 파블로로 되돌아가게 되었다.

고요한 변화

그러나 모든 변화들이 앞의 사례들처럼 뚜렷한 모습을 보이는 것은 아니다. 즉 만남을 통해 생겨난 모든 변화들이 갑작스러운 전복이나 새로운 발견, 방향의 전환, 변모의 양상들을 드러내지는 않는다는 뜻이다. 어떤 변화들은 프랑수와 줄리앙이 "고요한 변화"라는 불렀던 유형에 속하기 때문이다. 여기서 말하는 변화는 거의 감지할 수 없을 정도로 미미한 방식으로 생겨난다. 또한 계속해서 밑으로 숨는 속성으로 인해, 적어도 초기에는 종종 그 변화를 의식하지 못한다. 그러다 정말 갑작스럽게, 자기가 걸어온 길에 변화가 있었다는 사실을 알아보게 되는 것이다.

　실제로 카뮈의 『이방인』은 나를 단번에 변화시키지 않았다. 하지만 오늘날의 나는 이전의 생각에서 한 발자국 물러나서, 그 책의 독서가 내 고요한 변화의 과정에 있어 시초가 되었다는 것을 인정한다. 그 변화는 그 후로 이어진 수많은 만남들과 수많은 경험들에 의해 자양분을 얻게 되었다. 나는 고작 열다섯 살이라는 어린 나이에 『이방인』을 처음 읽었고 이 작품을 여러 번 다시 읽었다. 그리고 카뮈의 산문집 『결혼』, 『여름』도 함께 읽게 되었는데, 그때도 역시 카뮈의 아름다운 문장들에 감탄했으며 책장을 넘길 때마다 빛나는 알제리의 뜨거운 태양을 상상하며 황홀해하곤 했다. 왜냐하면 나는 그 길지 않은 글 속에서, 내 어머니의 혈통이 닿아있는 나라에 있는 것만 같은 향수를 느꼈기 때문이다. 나는 그 전까지, 그 나라에 대한 이야기를 거의 듣지 못했다. 그래서 나는 카뮈의 이 산문들을 읽은 이후로, 과거와 같은 방식으로 태양과 여름을 떠올리지 않게 되었다. 또한 삶의 시련을 대하는 자세도 예전과 달라졌다. 즉 카뮈의 이 걸작들과 만난 이후로 내 피부와 이마에 닿는 햇빛마저도 새롭게 느껴졌다. 특히『결혼』의 몇 구절을 읽은 후로 더욱 그러했다. "어떤 시간에는 이 시골 마을이 태양의 눈부신 빛으로 검게 변해 버린다. 나의 두 눈은 속눈썹 가장자리에 떨리며 남아있는 빛과 색깔 한 줄기가 아닌 다른 것을 보려고 헛되이 깜빡일 뿐이었다."

좀 더 읽다보면 이런 구절과도 마주친다. "나는 이제 옷을 벗고 바다에 뛰어들어야 한다. 대지가 선물한 농축액으로 내 몸을 잔뜩 적신 후에 바다에서 그것들을 씻어야 한다. […] 해안가에 도착하면 나는 모래 위에 푹 쓰러져 버린다. 세상으로부터 내던져져 내 살과 뼈가 지닌 묵직함 속으로 되돌아간 다음, 점점 더 멀어지는 듯한 태양의 눈부신 빛으로 정신이 멍해진 채 다시 내 팔 쪽으로 시선을 돌려본다. 거기에는 마른 피부의 반점들 위로 물결이 미끄러진 흔적이 있고 금빛 솜털과 소금기 있는 모래 알갱이가 들러붙어 있다."

왜 이 부분에서 카뮈의 문장들이 그토록 강하게 내 마음을 움직였는지 뚜렷하게 알 수는 없다. 아마도 그 문장들이 내 어머니의 모국에 대한 이야기를 내게 들려주는 것 같았기 때문에 그토록 가깝게 느껴졌는지도 모른다. 또한 나는 내 몸과 내 감각 등에 대해 굉장히 무지했던 도시 출신의 아이였기 때문에, 즉 너무나 '이성적인' 아이였기 때문에 그 장면이 그렇게 매혹적으로 느껴졌는지도 모르겠다. 그러나 한 가지 사실만은 확실했다. 나는 태양을 바라볼 때 기상학적인 지식이 아닌 다른 것을 보기 위해 계속해서 카뮈의 글을 읽어야만 했다. 카뮈를 만나기 전에 태양은 내게 있어서, 그저 커다란 모자나 선크림으로 그 강렬한 빛을 가리고 차단해야 하는 대상일 뿐이었다. 카뮈가 묘사했던 태양을 만난 이후로 나는 태양 속에서, 어려운 시절을 함께 버틸 수 있는 동맹 관계의 가능성을 찾아냈다. 절대로 거짓말을 하지 않는 환한 빛 속에서 세상을 보는 법을 배우게 된 것이다. 요약하면 나는 카뮈를 통해서 태양과 만났다고 할 수 있다. 게다가 나는 그의 책들을 통해 내가 나중에 골몰하게 될 문제의식들을 발견했는데, 그것들은 내 삶에 있어 거의 하나의 윤리로 자리 잡게 될 것들이었다. 그 윤리란 나쁜 상황 속에 내몰렸을 때 상처받고 낙담하게 될지라도 태양의 환한 빛 속에 머물려고 노력할 것, 삶이 더 이상 아무 의미가 없는 것처럼 느껴질 때에도 역시 삶을 사랑할 것, 이었다.

헤겔 철학이 말하는 인식의 욕망

헤겔의 철학은 왜 타인과의 만남이 우리를 변화시킬 수 있는 힘을 가져다주는지 이해하는 데 큰 도움을 준다. 그는 '주인과 노예의 변증법(『정신현상학』 4장에 주인과 노예의 문제가 집중적으로 나온다. -역주)'에서 그 무엇보다도 창의적인 접근법을 이용해 주인을 노예와 대비시켰다. 『정신현상학』의 저자인 이 철학자의 주장에 따르면, 명령을 하는 주인은 닫힌 원 안에 갇혀있는 것이고 자신의 권한과 주체성으로 인해 자기중심적인 성격을 띠는 것이다. 또 다른 주인이라든가 **자신의 분신**을 만나지 않고 일도 하지 않는다면, 그는 자신이 지니는 가치를 객관적으로 인식할 수 없게 된다. 이와 같은 타자성의 경험을 하지 못한다면 그는 자신이 누군지도 알 수 없을 것이다. 반대로 노예의 경우에는, 비록 그가 주인에게 복종하고 있는 처지라고 해도 자연과 마주할 기회를 얻을 수 있다. 노예는 자신의 일 때문에 자연과 대면하게 되는데, 이것이 그로 하여금 자신의 작업 속에서 스스로의 모습을 알아보게 하는 동시에 자신에 대해 인식하게 만들어준다. 또한 그와 함께 일하는 것이나 마찬가지인 그의 **분신들**로 인해서 그는 다른 사람들

로부터 식별된다. 헤겔의 해석에 따르면 자유는 '객관적'
일 수밖에 없는 것이다. 왜냐하면 자유는 타인의 동의에
따르는 행동들로 인해 객관적으로 증명되는 것이기 때문
이다. 그러므로 노예는 "주인보다 더 자유롭다."

물론 이것은 하나의 비유적인 우화일 뿐이지만, 기이한
동물들이라고 할 수 있는 우리 인간들에게 있어서 '만남'
의 결정적인 위상이 어느 정도인지를 환히 밝혀주는 것이
기도 하다. 다시 말해서 우리가 앞으로 나아가고 발전하기
위해서는 내가 아닌 타인을 만나야 한다. 바로 그것이 헤
겔 철학의 변증법이 지니는 전부이다. 즉 하나의 생각이
그 자체의 힘을 온전히 펼치기 위해서는 또 다른 생각과
마주쳐야 한다. 하나의 명제는 그것과 상반되는 반대명제
라든가 그것을 부정하는 명제가 없이는 진정으로 표현될
수 없는 것이다. 이것은 사람들 사이에도 똑같이 적용된다.
자기가 어디에 있는지 알고 자신의 가치를 인식하고 더 발
전하기 위해서는 타인이 지닌 차이점에 대항하여 타인의
또 다른 인식과 대면해야 한다. 헤겔의 주장에 따르면, 우
리가 우리의 가장 깊은 내면에 있는 욕망인 '인식'을 충족
시키고 싶다면 다른 사람을 만나야 한다. 타자성을 대면하

지 못한다면 우리가 어디에서 왔는지, 또 우리가 누구인지 어떻게 알 수 있겠는가?

헤겔은 신 역시도 스스로, 우리 인간과 같은 필요성을 감지했을 것이라고 믿었다. 헤겔은 『정신현상학』이라는 이 거대하고 형이상학적인 담론에서 이렇게 말했다. 인류의 역사가 처음 시작되었을 때, 즉 인간이 존재한 그 최초의 시간에 신은 자신이 어떤 존재인가에 대해 희미한 관념만을 갖고 있었다. 헤겔은 이런 말로 보충했다. 그게 어떤 종류의 신이든지 상관없이 모든 신적인 존재는 '불안의 정신'을 통해 존재한다. 즉 신은 자신이 누구인지 알고 싶어 한다. 그래서 그는 자신의 '타자'를 창조하게 되는데, 그것은 자신과 가장 대비되는 존재인 '대자연'이다. 신은 자연을 자신의 맞은편에 놓기 위해, 그리고 자연과 만나기 위해 자연을 창조한 것이다.

그런데 실제로 성령(聖靈)과 가장 대비되는 것은 바로 물질이다. 헤겔이 생각하기에, 이 세계는 신의 그런 기원적인 행동으로 창조되었다. 그러므로 우리는 '타자성의 필요'에 비추어 신의 그 행동을 이해할 수 있다. 성령은 대자연과 대면하게 되면서 물질과 마주쳤기 때문에 자신과 물질의 차이를 가늠할 수 있었으며 자신이 누구인지를 알아볼 수 있었다. 신은 그런 자연 속에서 자신이 누구인지 점차 깨달았을 것이고 자연 속에서 자신을 객관화했을 것이며, *자연에 성령을 불어넣기 시작했을 것이다.* 성령이 스스로 이런 모색을 했던 것은 인류 역사의 원동력으로 작용했다. 바로 이것 때문에 인간의 역사에 하나의 발전이 있었다는 특징도 알아볼 수 있다. 인간의 역사가 한 세기에서 다른 세기로 넘어갈 때마다 성령이 자신에 대해 갖고 있는 의식 속에서도 발전이 진행되었다. 그래서 신은 자신에 대해 더 발전된 의식 세계라고 할 수 있는 '자유'에 도달하여 '자유' 그 자체가 되었고, 이 세계 속에서 비로소 자신을 응시할 수 있게 되었다.

헤겔이 주장했던 이 장엄한 이야기는 오늘날의 사람들에게 큰 놀라움을 줄지도 모른다. 확실히 현 시대에는 역사의 발전에 대한 인식이 19세기 사람들이 지녔던 그 인식보다 덜 명료하기 때문이다. 하지만 헤겔의 이야기는 만남 그 자체의 역학에 대해 설명하고 있기에 우리의 큰 관심을 끈다. 이 역학의 핵심은 그것이 모든 실현과 모든 발전에 대해 형이상학적인 의미를 내포한다는 점이다. 이 세계를 창조한 신마저도 다른 존재를 만나야 할 필요성을 안고 있었다. 신은 인간들의 창조에 있어서도 다른 방법을 쓸 수 없었을 것이다. 자신이 아닌 다른 존재에게 다가가지 않고는 자신이 누구인지 알 수 없기 때문이다. 즉 타인을 만나지 않고는 자신과 마주할 수 없다.

시인 피에르 르베르디도 헤겔의 관점과 비슷한 맥락에서 이런 말을 했다. "사랑은 존재하지 않는다. 사랑의 증거들만 존재할 뿐이다." 즉 사랑은 그 행동들로 증명된다는 뜻이다. 마치 아름다운 만남은 그 만남의 결과로 생긴 변화들로 인해 평가되는 것처럼 말이다. 그러므로 헤겔이 말한 '만남'의 의미에서 비추어볼 때, 우리는 우리에게 나쁜 영향을 주게 될 만남이나 독이 될 수도 있는 만남들에 대해 건전한 경각심을 갖고 살아가야 한다. 좋은 만남은 나를 성장시키고 과거보다 더 나은 사람으로 만들어주며 나란 존재를 세상 밖으로 활짝 펼쳐지게 만드는 반면, 나쁜 만남은 나의 가치를 떨어지게 하고 나를 종속적인 존재로 머물게 하며 나를 고립시키기까지 한다. 만약 내가 변화를 했다고 하더라도 과거보다 부정적으로 변했다면 그것은 타인이 내 안에 있는 삶의 저력을 깨어나게 하지 못했기 때문이다. 나에게 독이 되는 사람은 나의 나약함을 이용하려고 하고, 자기의 보잘 것 없는 알량한 힘을 발휘하기 위해 내가 지닌 가치를 떨어뜨리는 사람이므로, 결국 나를 부정적으로 변화시키는 사람이다.

이 세상에는 우리가 즐겨야 할 것들이 무궁무진하고 우리 내면에 잠들어 있는 아름다움의 종류도 너무나 많다. 그것들 모두는 자기가 깨어날 시간을 기다리며 자신의 날개를 활짝 펼칠 기회를 기다리고 있다. 또한 나를 거부하는 것들과 대적할 수 있는 힘을 키워줄 좋은 만남의 가능성도 무궁무진하다. 만남은 우리의 의존성이나 적대감이 작동하는 기제를 우리 스스로 알아보게 해주는 치료사가 되기도 하고, 우리를 지지해 주고 신뢰를 보내주는 친구가 되기도 하며, 우리가 직업적으로 자신의 모습을 깨닫게 해줄 파트너가 되기도 하다가, 우리 자신이 사랑받을 존재라는 사실을 깨닫게 해주는 연인이 되기도 한다.

만남의 종류가 사랑에 관한 것이든, 우정에 관한 것이든, 직업에 관한 것이든 상관없이, 가장 아름다운 만남은 그 만남이 우리 내면에 남긴 결과를 우리 스스로 알아볼 수 있게 만들어주는 만남이다. 카뮈는『작가 수첩』에서 이런 말을 했다. "우리들은 대개, 우리가 사랑하기 시작한 그 사람들이 예전의 당신 모습에 대해 알기를 원한다. 그것을 알게 되면 서로의 만남 이후 그들이 당신에게 어떤 영향을 끼쳤는지 알아볼 수 있기 때문이다."

책임감을 느끼다

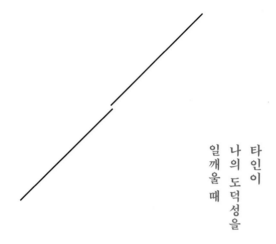

타인이
나의 도덕성을
일깨울 때

만남이 우리 내면에 촉발시킨 변화는 어쩌면 도덕적 이치를 따르고 있는지도 모른다. 내가 당신을 만났기 때문에, 우리가 서로 마주보게 되었기 때문에, 당신이 지닌 인간적인 유약함에 내 마음이 움직였기 때문에, 나는 타고난 이기주의에서 빠져나올 수 있었다. 아니, 적어도 나의 냉담함으로부터 벗어나, 내가 아닌 타인에 대해 책임감을 느끼게 되었다. 당신을 만난 일이 나의 도덕성을 깨어나게 한 것이다.

우리가 느끼는 책임감의 정체

어느 날 나는 길을 걷다가 한 노숙자와 부딪혔고, 그걸 계기로 대화를 나누게 되었다. 그는 나에게 자기의 인생이 실패하게 된 얘기를 들려주었다. 나에게는 동정심이 생겨났고, 이제는 그에게 무관심한 채 가던 길을 가기가 어려워졌다. 이 만남은 나에게만 쏠려있던 마음의 방향을 바꿨다. 타인이란 존재가 돌연 내 생각 속에 자리를 잡게 된 것이다. 우선 나는 그가 지하철에서 자는지 아니면 길거리 한복판에서 자는지 궁금해졌다. 그리고 그에게 돈이나 샌드위치를 주는 게 나을지, 아니면 더 좋은 음식을 사줘야 할지 고민스러웠다. 정말 갑작스럽게, 나는 그에 대해 약간의 책임감을 느꼈다. 오늘밤은 무척 추울 텐데, 우리 집에서 자라고 권해야 하는 것은 아닐까? 아니면 호텔의 침실이라도 예약해 줘야 하지 않을까? 아무리 못해도, 쌀쌀한 바람을 막아줄 큼지막한 스웨터라도 건네야 하지 않을까? 나는 칸트가 탁월한 방식으로 제시했던 그 거대한 질문을 스스로에게 제기했다. "나는 무엇을 해야 할까?"

철학자 레비나스는 이런 상황에 대해 단호한 정의를 내렸다. "누군가에게 대답을 한다는 것, 그것은 이미 그에 대해 책임을 진다는 의미를 지닌다." 이 말에 비추어볼 때, 우리의 책임감은 우리가 타인과 대화를 시작하자마자 바로 생기는 것이라고 할 수 있다. 가장 가벼운 종류의 요구도 그보다 더 무게감 있는 요청을 담고 있을 수 있다. 우리는 길에서 노숙자가 말을 걸 때 왜 대답을 회피하려고 하는지 스스로 그 이유를 잘 알고 있다. 우리는 이런 식으로 행동해서, 그에 대한 책임감을 느끼지 않으려고 애쓰는 것이다.

타인에 대한 존중과 관련된 '정언 명령(칸트 철학에 있어서, 행위 그 자체가 선(善)이므로 무조건 수행해야 하는 도덕적인 명령을 말한다. -역주)'의 핵심에는 '유대 · 그리스도교' 문화가 자리를 잡고 있다. 하지만 이 문화는 종종 너무나 일반적이고 너무나 추상적이다. 우리는 아이들에게, 모든 인간은 공통적인 인간성을 갖고 있기 때문에 그가 하는 행동에 상관없이 존중받을 자격이 있다고 가르치고 있다. 그런데 칸트의 철학에서도 이런 생각을 읽을 수 있다. 타인이 지닌 인간성은 항상 "하나의 목표로 받아들여야 하며 단순히 하나의 수단이 되어서는 안 된다." 이 말은 우리가 타인을 대할 때 언제나 그를 한 사람의 독립적인 인격체로 대하고 존중해야 한다는 것을 의미한다. 비록 우리와 그가 이해관계-왜냐하면 그는 우리의 동료이거나 직원, 혹은 손님이므로-로 얽힌 사이라고 할지라도 말이다. 하지만 타인과 실제로 만나지 않고서는, 타인에 대한 존중이 담긴 이 정언 명령은 그저 허울뿐인 약속이나 종교 서약처럼 형식적인 것으로만 남게 될 것이다. 레비나스가 분명하게 정의했던 진정한 도덕적 명령은 신으로부터 연유하는 것도 아니고 우리의 의식으로부터 흘러나오는 것도 아니다. 그것은 우선적으로 타인에게서, 그리고 타인의 존재로부터 나온다. 종종 이런 타인은 나에게 말 한 마디조차 할 필요가 없지만, 내 앞에 엄연히 자리 잡고 있다. 불안정하고 연약한 데다 인간적인 모습을 지니면서 말이다. 내가 그를 만나는 것만으로도 모든 것이 충분하다. 그가 지닌 인간적인 연약함이 나에게 의무를 부과하기 때문이다.

레비나스는 인간의 피부에 대해 아주 아름다운 표현을 남겼는데, 그것은 "인간의 피부는 방어막이 없다"는 말이다. 실제로 인간의 피부는 다른 포유류의 피부보다 훨씬 더 얇고 섬세하다. 그래서 단순히 육체적인 면에서 볼 때, 어쨌든 1명의 인간을 죽게 하는 것은 무척 쉬운 일이다. 한편 모든 도덕적인 명령 중에서 첫 번째 자리를 차지하는 명령인 '살인하지 말라'는 다음과 같은 경우에서만 의미를 지닌다. 즉 나와 마주하고 있는 타인이 실제로 존재할 때, 나를 향해 자기의 얼굴을 보이고 있는 타인이 실제로 존재할 때가 그 경우이다. 왜냐하면 그 타인은 나로 하여금 그의 앞으로의 삶에 대해 책임감을 느끼게 만들기 때문이다. 이것에 대해 레비나스는 "인질에 대한 책임감"이라는 다소 파격적인 말까지 언급했다. 그를 만나면서부터 우리에게는 선택의 여지가 없게 된다. 우리에게는 그를 보살펴야 할 의무가 생긴다. 인질에 대한 책임감이란 말을 부정적으로 받아들일 필요는 없다. 이렇게 나에게 저절로 굴러온 책임감은 나의 진정한 도덕성을 드러낼 수 있게 만들어주기 때문이다. 결국 "곤란한 자유"-레비나스가 쓴 책의 제목이기도 한-는 나에게 속한 것이고, 나를 온전히 포함하고 있는 것이다. 레비나스는 이런 말도 했다. "내가 내 자신을 목격하는 일은 오직 타인의 세계에 도달할 때 가능해진다." 이 말은 타인과의 만남이 우리를 우리의 인간성과 같은 높이로 이끌어주고, 타인을 향한 우리 존재의 수준을 높이 끌어올려 준다는 것을 의미한다.

타인의 얼굴과 마주하기

레비나스는 자신의 저서에서 '얼굴'이란 단어를 많이 사용했다. 사실 이 '얼굴'이라는 단어는, 나와 마주한 채 드러나 있는 타인의 육체에 대한 총체성을 지칭한다고 할 수 있다. 즉 타인의 '얼굴'은 내가 그에 대해 전적으로 책임감을 느끼고 있는 **'타인의 전부'**이다.

사형수의 얼굴은 사형이 집행되는 시간에 복면이나 장막에 덮여 가려진다. 그 사람의 얼굴이 보이지 않으면 형리가 살인을 하는 것이 더 쉽기 때문이다. 그렇게 할 때 형리는 그의 인간성과 마주치지 않을 수 있다. 이와 마찬가지로 전쟁터에서도 사람의 얼굴로 인해 다소 역설적인 상황이 펼쳐질 수 있다. 적군이 쓰고 있는 철모가 그의 죽음을 부추기는 매체가 될 수 있기 때문이다. 만약 적군이 철모를 안 쓰고 있어서 내가 그의 얼굴을 알아보고 그의 인간성을 알아본다면, 나는 잠시 망설이게 되고 그 순간 그를 죽일 수 있는 내 능력에 구멍이 생긴다. 전쟁이 끝난 후에 군인들이 겪는 정신적인 외상은 대개 이런 것에서 연유한다. 그들은 종종 적군의 얼굴이나 겁에 질린 눈빛을 흘깃 볼 틈이 생겼을 것이고 적군의 목소리도 들었을 것이다. 몇 초도 안 되는 순간이지만, 그들은 자기들이 죽였던 희생자를 보았고, 그 얼굴들의 이미지와 목소리가 뇌리에 계속 남아있다. 결국 그 얼굴들은 군인들로 하여금, 전쟁터에서 저지른 자기들의 행동이 최고의 도덕적 명령인 '살인하지 말라'와 정면충돌한다는 것을 상기시키고 만다.

레비나스는 사람들이 흔히 쓰는 공손한 표현 "먼저 하세요"에서, 그 문장 자체에 도덕적인 태도가 담겨있다는 것을 간파했다. 그의 해석에 따르면, 우리가 보통 겉치레로 인식하고 있는 '예의'라는 것이 바로 도덕성의 시작이다. 앞에서 얘기했던 노숙자와의 만남을 다시 예로 들면 더 쉽게 이해할 수 있을 것이다. 내가 그에게 예의를 보이는 일은 이미 그를 돌봐주려는 자세를 갖추었다는 뜻이고, 부분적으로나마 그에게 책임감을 느낀다는 것이다. 즉 그의 얼굴과 마주한다는 것은 우리가 인간으로서의 책임감에서 더 이상 벗어날 수 없다는 것을 의미한다. 아마도 그 유명한 작품, 뭉크의 〈절규〉가 그토록 우리의 마음을 움직이는 이유가 바로 이 때문일 것이다. 이 그림 속 남자의 얼굴은 마치 혼이 빠져나간 듯 공포에 질려있는데, 그 얼굴은 단순히 우리가 그 사람의 고통스러운 외침과 마주하게 만드는 것 이상의 더 큰 울림을 준다. 그는 양손으로 자기 머리를 감싸고 있다. 더 이상 세상의 소리를 참을 수 없는 것이다. 또한 자신의 존재가 지니는 무게도 더 이상 견딜 수 없는 것이다. 어쩌면 그는 이제 곧, 다리 아래로 투신할지도 모른다. 이 외침은 하나의 간절한 부름이다. 이 얼굴이 우리를 부르고 있다. 그 사람의 얼굴을 보는 우리의 고통은 적어도, 우리 자신이 느끼는 책임감과 더불어 그의 비참한 고뇌로부터 연유한다.

내 얘기를 잠시 하자면, 나는 교수로서의 내 책임감을 받아들이기 위해 만남의 필요성을 자주 느끼곤 한다. 내가 학생들에게 주는 점수라든가, 학생 평가서에 기재하는 내 소견이 학생들의 장래에 있어서 결정적인 역할을 하기 때문이다. 그들에게 미래의 문을 열어주거나 아니면 그와 반대로 문을 닫는 식으로 말이다.

하지만 학생들과 만날 일이 종종 생기더라도, 대개는

만남을 이어가는 우리 사이에 어떤 특별한 연결 고리 없이 한 해가 훌쩍 흘러가버리곤 했다. 이런 학생의 평가서를 작성할 때 나는 최대한 객관적이고 신속한 방식으로 그 학생에 대한 소견을 적어 넣었다. 마치 나의 책임감을 훌훌 떨치기 위해서 그러는 것처럼 말이다. 나는 이 학생의 앞날에 해를 입히지 않으려고 그런 노력을 기울이는 것이지만, 실제로는 이 학생에 대해 잘 알지 못하며 더 이상 그를 도와 줄 방법이 없다고 생각해서 그렇게 한 것이었다. 그러다가 한 학생과의 진정한 만남이 실제로 일어난 적이 있었다. 나와 그 학생이 공동 작업으로 무엇인가를 만들어낼 때였는데, 그 일을 하며 우리는 서로 놀라움을 금치 못했다. 그래서 그의 학교 성적과 상관없이 나는 그 학생에 대해 막중한 책임감을 느꼈으며, 완전히 몰입한 상태로 그의 평가서에 내 소견을 기재했다. 나는 최대한 그에게 잘 들어맞는 단어를 고르고 또 골랐으며, 그를 칭찬하는 부분에서는 더 적합한 말들을 고르느라 애썼다. 실제로 나는 내가 그의 장래에 중요한 한 부분을 차지하고 있는 것 같은 느낌이 들었다. 아마도 이런 일화는 프랑스의 이념인 평등의 원칙에 좀 어긋나는 것처럼 보일 수도 있을 것이다. 하지만 내게 이런 일이 벌어졌다. 정말이지 내가 학생들을 가르치는 사람으로서의 책임감을 완전히 받아들인 것은 그 특별한 학생을 만났을 때였다. 내가 지녔던 유일한 직업적인 양심조차 그 특별한 만남의 경험에 영향을 끼치지는 못했다.

오늘날 우리가 생태학적 문제의식을 자각하는 일에 있어서, 종종 방해요소로 작용하는 것이 바로 이런 부분이다. 내 책임감을 자각하는 데 타인이라는 존재와 타인과의 만남이 나에게 꼭 필요하다고 가정해 보자. 가령 우리가 육류를 과잉 섭취하는 것 때문에 사료용 콩이 많이 필요해지고, 이 때문에 콩을 재배하기 위한 산림 벌채가 대규모로 이루어진다면, 그 벌채로 인해 위협감을 느끼며 아마존 우림 한복판에 살고 있는 한 남자에 대해서 우리가 어떤 책임감을 느낄 수 있을까? 그리고 매일매일 기후 온난화의 효과를 목격하고 있는 데다, 빙하에 살고 있는 북극곰과 바다코끼리, 바다표범, 바다 새들이 멸종되어 가는 모습을 지켜보는 에스키모족들에 대해서는 어떤 책임감을 느낄 수 있을까? 생태학적 문제에 대한 우리의 각성이 중대한 이유는 우리의 아이들에게 그 모든 문제를 보여주어야 하기 때문이고, 그것이 특히 우리 아이들에게서 태어날 미래의 아이들을 위한 일이기 때문이다. 그러나 그 미래 세대의 아이들은 아직 태어나지도 않았으니, 우리가 아직 만나지도 않은 그 인간 존재들, 그래서 우리가 그 얼굴조차 알지 못하는 존재들에 대해 책임감을 느끼기란 쉽지 않다.

카뮈의 소설 『전락』은 자신의 의무와의 만남에서 실패를 경험한, 파리의 한 전직 변호사의 이야기이다. 길이가 무척 짧고 극도로 어두운 분위기를 띤 독백체의 이 소설은 회한과 우울증으로 가득한 삶에 대해 이야기하고 있다.

어느 날 밤 장-바티스트 클라망스는 파리의 거리를 걷다가, '예술의 다리' 밑에 투신한 어느 젊은 아가씨를 목격한다. 하지만 그는 그녀를 구하려는 노력을 전혀 기울이지 않았다. 그의 전락은 육체적인 몰락과 더불어 도덕적인 몰락도 의미한다. 그리고 그의 전락은 그 운명적인 밤에 일어난 사건의 탓을 자신의 과거로 돌리게 만든다. 즉 그는 자기애로 가득한 출세주의자로 보냈던 삶의 시간들을 되돌아본다.

그런데 이 비극적인 사건 속의 어떤 짧은 장면에서, 우리는 그가 그 젊은 아가씨와 실제로 만나지 않았다는 것을 알아차리게 된다. 사실 그는 사람의 몸이 강에 첨벙 빠지는 소리와 아주 흡사한 소리를 들었고, 그 소리를 듣기 직전 그녀와 슬쩍 마주쳤을 뿐이었다. 그는 주변에 구조를 요청하지 않고 계속 길을 걸었는데, 그 아가씨의 유령만큼이나 그의 머릿속을 떠나지 않고 맴돌던 것이 자신의 행동에 대한 기억이었다. 그에게 있어서 그녀는 그저 유령일 뿐이다. 그가 그녀의 얼굴을 못 보았고 그녀의 시선과도 마주치지 않았기 때문이다. 즉 레비나스가 말했던 맥락에서 볼 때 그는 그녀와 만나지 않은 것이며, 따라서 그는 그녀에 대한 완전한 책임감을 느낄 수 없었던 것이다. 아마도 그가 그녀의 얼굴을 보았다면, 그는 그녀의 행동에 대해 반응하며 그녀의 자살 행위를 막으려 했을지도 모른다. 그녀의 생명을 구했을지도 모른다. 그랬다면 그녀처럼 막막한 상황에 처했던 자기의 삶도 구원했을지 모를 일이다.

살아있다

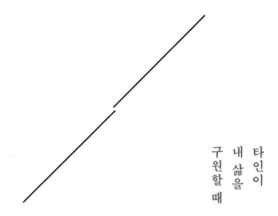

타인이
내 삶을
구원할 때

'만남'이라는 말의 본래적 의미를 생각할 때, 우리의 삶을 구원해 주는 만남이 존재한다는 것을 상기시키지 않을 수 없다. 그 또한 우리 삶에서 만남이 지닌 결정적인 역할 중 하나이기 때문이다.

영화 〈피아니스트〉로 잘 알려진 유대계 피아니스트 블라디슬로프 스필만의 이야기는 삶을 구원하는 만남에 대한 하나의 감동적인 예시를 보여준다.

어느 피아니스트 이야기

제2차 세계대전이 발발했을 당시에 블라덱은 폴란드의 국영 라디오 방송국에 소속되어 있는 공식 피아니스트였고 폴란드의 문화계의 핵심 인물이기도 했다. 모든 사람들이 그만의 스타일이 묻어나는 리스트의 곡들이나 쇼팽 연주를 좋아했고 그가 작곡한 곡들도 높이 평가하고 있었다. 하지만 폴란드를 침범한 독일의 나치 세력들이 바르샤바의 게토(유대인이 모여 살도록 법으로 강제한 도시의 거리나 구역을 뜻한다. -역주)에 가두었던 유대인들을 붙잡아 들이기 시작했고, 곧 유대인 수용소로 향하는 기차들의 행렬이 규칙적으로 이어진다. 블라덱의 가족 역시 트레블링카에 있는 수용소에 끌려갔지만, 그는 간신히 도망쳐 나와 레지스탕스들이 사는 집에서 은신처를 발견한다. 하지만 바르샤바에서 벌어지는 전투들은 점점 격렬해졌고 그가 숨어 지내던 아파트도 더 이상 안전하지 않았다. 새로운 곳으로 도망을 치기 위해 거리를 계속 헤매던 그는 폭격으로 반쯤 부서진 어느 집의 다락방에 들어가 숨어 지내기 시작한다.

한편 독일 국방군 소속의 빌헬름 호젠펠트 대위는 한 사건으로 인해 병사들 사이에 이미 유명한 상태였다. 상관의 명령을 거스른 채 제네바 협약(전쟁으로 인한 부상자, 병자, 포로 등을 보호하여 참화를 경감하기 위해 제네바에서 체결된 국제 조약. -역주)의 뜻을 존중하며 포로들을 인간적으로 신문했던 일이 그것이다. 사실 그는 자신이 젊었을 때부터 몸담고 있는 독일 국방군이 유대인들의 운명을 결정하는 그 끔찍한 현실의 참상을 보면서 공포에 사로잡혀 있었다. 또한 그는 음악 애호가이기도 했다.

호젠펠트 대위가 블라덱이 숨어있던 집에서 그를 마주쳤을 때, 그는 블라덱이 피아니스트라는 것을 알게 되고는, 먼지로 뒤덮인 그랜드 피아노를 가리키며 연주를 해보라고 권했다. 블라덱은 가까스로 간단한 조율을 마칠 수 있었고 힘겹게 몸을 움직이기 시작했다. 오랫동안 굶어서 기력이 없었기 때문이다. 그럼에도 불구하고 그의 손가락이 피아노 건반 위에서 이리저리 춤을 추기 시작했다. 폐허가 된 거대한 집 안에서 쇼팽의 아름다운 곡이 흘러나왔다. 결국 이 유대인 피아니스트는 야만적인 나치가 유대인들에게서 무엇을 약탈했는지를 보여주는 하나의 상징이 되었다. 아름다운 연주를 하는 피아노의 명인이 넝마를 걸친 폐인의 모습으로 바뀌어 있었기 때문이다.

호젠펠트는 자기만 아는 은신처에 그를 숨겨주었다. 그

러고는 그 은신처에 정기적으로 찾아와서 빵과 잼, 소시지를 가져다주었으며, 혹독한 추위를 막아줄 독일군 제복까지 가져다주었다. 얼마 후 소비에트 연방이 이끄는 붉은 부대가 바르샤바를 해방시키며 독일의 군인들은 포로로 생포되었고, 블라덱은 마침내 환하게 밝은 대낮에 당당하게 밖으로 나올 수 있었다. 그는 폐허가 된 거리 한가운데에서 망연자실한 채 섰다. 자기가 입고 있던 외투가 독일군 장교 제복이라는 사실마저 잊고 있던 그는 그 옷 때문에 하마터면 폴란드 폭도들에 의해 공격을 받을 뻔했다. 다행히 그들은 적군의 제복을 입고 있는 블라덱이 자기들과 같은 폴란드인이라는 것을 알아봤다.

나중에 블라덱은 호젠펠트를 만났던 일화를 담은 자서전 『죽어가는 도시』를 1946년에 출판했다. 이 책은 1998년에 『피아니스트』로 제목을 바꿔서 다시 출판되었고, 로만 폴란스키 감독에 의해 영화로도 상영되었다. 아마도 블라덱은 호젠펠트와 만나지 못했더라면 분명 굶주림이나 추위로 죽었을 것이다. 그들이 정말로 상대방을 알아볼 시간을 갖지 못했더라면, 그리고 '타인이 지닌 차이점을 탐험하는' 시간을 갖지 못했더라면 어떻게 되었을까? 그러나 여기서 가장 중요한 것은 진정한 만남의 문제라고 할 수 있다. 이 만남은 피아니스트의 생명을 구해주었을 뿐 아니라 두 사람이 단시간 안에 아주 강렬한 관계를 맺을 수 있게 해주었다. 이렇듯 이 세상에는 삶이 간결하게 압축되기도 하고, 삶이 한곳에 축적되기도 하며, 또는 삶이 맹렬한 속도를 내는 상황들이 분명 존재한다.

전쟁이 끝난 후 블라덱은 국영 라디오 방송국의 전속 피아니스트 직책을 되찾았지만, 그의 가족들은 모두 강제 수용소로 끌려가 최후를 맞은 뒤였다. 블라덱은 자기를 구해준 대위가 어떻게 됐는지 알고 싶어서 주변에 수소문을 했지만 그 노력은 모두 허사로 돌아갔다. 몇 년이 흐른 뒤에 그는 호젠펠트 대위가 1952년에 소비에트 포로수용소에서 사망했다는 사실을 알게 되었고, 그 외의 다른 정보는 찾을 수 없었다. 그렇게 독일 국방군 대위 빌헬름 호젠펠트는 그가 사망한 지 약 60년의 세월이 지난 2009년에 '국가와 국가 사이에서 정의로운 행동을 했던 사람'으로 널리 알려지게 되었다.

회복탄력성을 선물해 준 멘토

만남이란 별로 특별하지 않은 상황 속에서도 우리의 삶을 구원해 줄 수 있다. 특별히 영웅적인 행위를 하지 않더라도 말이다. 이를테면 우리의 병을 제때 진단해 주는 의사와의 만남도 그렇고, 우리와 함께 좋은 '동맹관계'를 맺음으로써 해방감을 느끼게 해주는 심리 치료사와의 만남도 그렇다. 또한 유명한 신경정신과 의사 보리스 시륄니크가 '회복탄력성(제자리로 되돌아오는 힘을 지칭하는 말로서, 심리학에서는 역경이나 고난을 이겨내는 긍정적인 힘을 뜻한다. -역주)'을 만들어주는 멘토라고 지칭하기도 했던, 우리 주변의 평범한 사람들 중 한 명과의 만남도 우리의 삶을 구원해 줄수 있다. 이 멘토들은 우리에게 보살핌과 관심, 사랑을 전해줌으로써, 우리가 인생에서 충격적인 사건을 겪고 난 후 다시 일어날 수 있도록 큰 도움을 준다.

보리스 시륄니크는 미국의 심리학자 에미 워너의 이론을 통해 **회복탄력성**의 개념을 알게 된 후, 신경정신과 실무에서 발견한 여러 관찰 결과를 하나의 결론으로 통합할수 있었다. 그것은 '충격적인 사건'을 경험했고 그 충격으로 인해 만신창이가 되었거나 **삶이 망가진** 사람들도, 자신에게서 예상 밖의 가능성들을 발견할 수 있고 보통 사람들처럼 정상적인 자기 발전을 다시 추구할 수 있다는 사실이었다. 하지만 그 이유가 정확히 무엇인지는 제대로 밝힐 수 없었다. 심지어 어떤 환자들은 정신적인 외상을 입은 정도가 심각하고 정신에 생긴 균열이 복구 불가능해 보였음에도 불구하고 -즉 아주 어릴 때 자기 부모가 강제 수용소로 끌려가는 것을 본다든지, 혹은 내전으로 인해 부모가 살해당하는 것을 목격하는 등 폭력적이거나 야만적인 사건에 노출되었다고 해도- 다시 삶의 활력을 되찾았고, 새로운 삶을 향해 도약하는 데 성공했다. 무엇이 그런 회복탄력성을 가져다주었는지에 대한 의문은 부분적인 수수께끼로 남았지만, 수많은 이로운 요소들이 거기에 작용했을 것이라는 것은 확인할 수 있었다. 이를테면 성격적으로 회복탄력성이 '때 이른 형성(인생의 초기에, 즉 정신적인 외상을 겪기 전에 받았던 정성과 사랑)'을 이루었다거나, 보호 기제(꿈, 부정하기, 자아 분열 등등)가 작동하여 확립된 경우 등이 그렇다. 물론 이런 경우들은 문제 있는 방식으로 나타날 수도 있지만 충격이 야기한 폭력성으로부터 그들을 보호해 주는 역할을 했다.

또한 자신의 정신적인 외상에 대해 스스로 용납할 수 있을만한 이야기를 지어내는 일, 간접적인 방식으로 자신의 과거와 대면하게 해주는 활동을 찾아낸 일, 폭력성을 순화시키는 일(글쓰기, 음악 듣기, 연극 보기 등), 그리고 특히 '회복탄력성을 주는 멘토'와의 만남도 그 이로운 요소들 중 하나였다.

선험적인 탐구 방식을 들이대서 누가 그런 멘토가 될 수 있는지 파악하는 것은 중요하지 않다. 부모나 교육자, 심리학자, 학교 교직자, 대부(代父)나 대모(代母) 등 누구든지 멘토가 될 수 있다. 보기에는 간단해 보이지만 실질적으로는 어려운 이 역할들을 할 수만 있다면 누구든 상관없다. 즉 쉽게 판단 내리지 않기, 타인을 그의 과거 속에 가두지 않기, 타인에게 나타나는 조짐들 파악하기, 그를 희생자로 한정짓지 않기, 그와 시간 보내기, 앞으로 갈 길이 멀다는 것과 그 길이 외상의 재발로 가득할 수 있다는 것을 인식시켜 주기, 그를 신뢰하되 많은 것을 요구하지 않기, 그를 재촉하지 않고 급박한 모습을 보이지 않기, 배려 깊고 다정한 모습을 보이기, 편하게 농담을 건네는 여유를 갖기, 이런 저런 잡담 나누기……, 그리고 이 모든 것들을 요약하면, 미국의 위대한 심리학자 칼 로저스가 '타인에 대한 무조건적인 승낙'이라 표현했던 사랑의 형태, 즉 본래적 의미에서의 **'호의'**를 타인에게 보여주는 일이 필요할 뿐이다.

보리스 시륄니크는 자서전 『당신 자신을 구원하라, 그러면 삶이 당신을 부를 것이다』에서 자신에게 회복탄력성을 안겨주었던 소중한 사람과의 만남에 대해 이야기한 바 있다.

1942년에 그의 부모는 자기 아들이 유대인 강제 수용소에 가는 것을 막으려고 당시 고작 다섯 살이었던 시륄니크를 어느 하숙집 주인에게 맡겼다. 시륄니크의 부모는 아들에게 돌아오지 못했고, 그는 몇 달이 지난 후 사회 복지원에 가게 된다. 그리고 1944년, 게슈타포(독일 나치 정권의 비밀 국가 경찰. -역주)에 고발을 당한다. 누군가가 50유로를 받고 그가 있는 곳을 밀고한 것이다. 그렇게 해서 그는 보르도에 있는 거대한 교회당에서 다른 유대인들과 함께 다시 모이게 되었다. 그러나 그는 교회당 화장실에 숨는 데 용케 성공했고, 한 간호사가 작은 화물차 안의 환자용 침대 매트리스 밑에 숨겨줌으로써 최종적으로 그를 살렸다.

이어서 어떤 레지스탕스 조직망의 보호를 받게 된 그는 '장 라보드'라는 새로운 이름을 부여받고는 어느 농가의 소년 행세를 하게 되었다.

　새로운 이름으로 새 인생을 살게 된 그는 자신이 누구인지 모르는 사람이 되어야 했기 때문에, 사람들에게 침묵을 지키며 거의 혼이 나간 상태로 농가 주변을 떠돌아 다녔다. 사실 그는 사람들에게 자신의 존재를 감춘 것 이상으로, 스스로도 자신의 존재를 상실한 상태였다. 그는 겁에 질렸고, 나중에 그가 '심리적인 단말마'라는 말로 정의했던 그런 극심한 고통이 그를 집어삼켰다. 그렇게 10년 동안(더 어렸던 시절부터 합산하면 15년이 넘는 세월 동안) 그는 계속 흔들리는 삶 속에서 우왕좌왕 했다. 자기가 남들과 다르다는 인식에서 오는 부끄러움과 더불어, 부모 없는 고아로서 자기만 비정상적이라고 느끼는 데서 오는 수치스러움을 지닌 채, 그는 최소한의 인간관계도 맺을 수 없었고 최소한의 심리적 안정감도 느낄 수 없었다. 그래서 그는 열 살이 되어서야 간신히 글을 읽을 수 있었다.

　그러다가 열한 살이 되었을 때, 그의 이모인 도라가 보르도에 있는 자기 집으로 그를 데려가서 키우게 되었다. 하지만 전통적인 학교 수업도 따라갈 수 없었고 기본적인 규율도 지킬 수 없었던 그는 학습 부진아 반으로 보내졌다. 그곳에서도 수업을 못 따라가면 특수학교로 가야 할 참이었다. 직업 무용수였고 본래 쾌활한 성격을 지녔던 도라 이모는 정신적인 상처로 가득한 자기 조카를 돌보는 일을 무척 좋아했다. 그래서 그녀는 자신이 지닌 삶의 기쁨을 조카에게도 전해주려고 애썼지만 아이의 무거운 표정이 지닌 장벽에 번번이 부딪히곤 했다. 게다가 그가 과거부터 지녔던 일종의 쇼크 상태는 어두운 인식을 그의 의식에 심었다. 그러나 도라의 남자친구인 에밀과의 만남이 모든 것을 바꾸어놓았다.

보리스 시륄니크는 이렇게 회상했다. "도라 이모가 나에게 에밀 아저씨를 소개시켜 주었을 때 그는 문 옆에 계속 서있었다. 의자 여러 개를 들여놓기에는 방이 너무 작았기 때문이었다. 나는 왜, 그를 만나자마자 그에게 매료되었던 것일까? 사실 오늘날 다시 그때를 돌이켜보면 아마도 이렇게 말할 수 있을 것 같다. 그의 외양에서 풍기는 분위기가 내 마음속에서 내가 진정으로 소망하는 것들을 건드리고 있었다고. 그것은 바로 활기와 친절함이었다. 다시 말해서 에밀 아저씨는 내가 언젠가 어른이 되면 지니고 싶었던 그 성품을 보여주고 있었다. [⋯] 과거에 도라 이모가 나에게 자기 친구들을 소개해 주었을 때는 그런 감정을 한 번도 느껴보지 못했었다. 나는 코르시카 출신의 곡예 무용 수라든가, 모리셔스 출신에다 몽마르트르의 '프레드 아스테르(미국의 무용가이며 가수 겸 배우. -역주)'라고 불렸던 무용 수 친구를 소개받기도 했다. 나는 그분들이 쾌활하고 호감 가는 놀라운 무용수들이라고 생각했다. [⋯] 그래서 그 두 분을 무척 좋아했지만 그들의 길은 내 길이 아니라고 생각 했다. 그날 도라 이모는 에밀 아저씨를 내게 소개시켜 주 면서 이렇게 말씀하셨다. '우리는 앞으로 함께 살 거야. 에밀은 과학자인데 럭비도 곧잘 한단다.' 사실 나는 그때 과학이 무슨 학문인지, 럭비가 무슨 운동인지도 잘 모르고 있었다. 하지만 곧바로 이모의 말씀을 받아들였다. 그때부터 이상한 현상이 벌어지기 시작했다. [⋯] 마치 나의 내밀한 세계가 갑자기 활짝 열린 것처럼 나는 점점 더 총명한 학생이 되기 시작했다."

과학 연구소의 소장이었던 에밀은 연구소 가운을 입고 있지 않을 때면 럭비 선수들이 즐겨 입는 폴로셔츠를 걸 치고 있거나 애인인 무용수의 몸을 자기의 단단한 팔에 끌어안고 있었다. 에밀은 삶에 대한 강렬한 힘을 발산하고 있었고, 정말 갑작스럽게 보리스의 마음은 그를 선망하는 마음으로 가득 찼다. 그렇다고 해서 에밀이 아직 청소년에 불과했던 보리스와 산더미처럼 많은 활동을 한 것도 아니었다. 단지 그는 자신의 본모습 그대로에 만족하며 살고 있었을 뿐이다. 즉 그는 몸이 튼튼하고 박식한 사람이었으며, 애인인 도라와 함께 단순한 활기 속에서 살아가는 사람이었다.

게다가 에밀은 하나의 재능을 갖고 있었는데, 그것은 거의 하늘이 내려준 천부적인 소질이라고 할만 했다. 그는 다른 사람들과 같은 방식으로 보리스를 바라보지 않았다. 그를 겁먹은 생존자로 보지 않았고 부모를 다 잃은 고아로도 보지 않았으며, 정신적인 외상을 겪은 아이로 보지도 않았다. 그는 평범한 10대 남자 아이에게 하듯이 보리스에게 농담을 건넸다. 자기의 직업에 대한 이야기와 스크럼 하프(럭비 포지션 중 하나. -역주)의 기술들에 대해 이야기를 해주면서, 보리스가 그저 평범한 청소년인 것처럼 대했다. 그의 이런 면은 어린 보리스에게 엄청나게 긍정적인 영향을 끼쳤다.

보리스는 에밀과의 접촉으로 인해 배움에 대한 갈증이

무엇인지 알게 되었고, 지체되어 있는 자신의 지적 수준을 끌어올려야겠다는 맹렬한 갈망을 느끼게 되었다. 회복탄력성을 전해준 이 멘토와의 만남은 불과 몇 주 만에 경이로운 결과를 만들어냈다. 그리고 다음과 같은 사실이 결정되었다. 즉 보리스는 나중에 자라서 에밀 같은 인물이 되기로 마음먹었다. 그 결과 보리스도 역시, 럭비를 시작했다. 또한 그는 자기가 살아온 그 컴컴한 심리적 어둠의 이면을 밝히기 위해 신경정신과 의사가 되어야 했고, 에밀과 같은 과학 연구자가 될 것이었다.

시륄니크는 이 일화에 대해 다음과 같이 말했다. "그토록 빠른 속도로 일어났던 그 지적인 변모는 오늘날까지도 여전히 놀랍기만 하다. 나의 정신적인 삶은 고작 세 살 나이에, 그러니까 어머니가 홀로 남겨지셨던 그 시기에 이미 멈춰버렸다고 할 수 있었다. 아버지가 프랑스 군대에 입대하고 난 후 체포가 임박하자 어머니가 몹시 불안해 하셨기 때문이다. 그 사건에 이어서 몇 년 동안 쫓기는 삶이 이어졌다. 나는 항상 죽음과 아주 가까이 인접해 있었고 내 감각도 점차 외부와 단절되어가는 듯한 느낌이 들었다. 감정적인 균열이 끊임없이 반복적으로 나타났고, 학교에 가거나 외출하는 것조차 불가능할 때도 많았으며, 남들과 다른 하나의 괴물이 된 것 같던 그 느낌은 내가 최소한의 발전도 할 수 없게 만들었다. 나는 이런 정신적인 압박감을 받는 동안 정말 괴로웠다. 내 영혼이 얼어붙는 것 같았기 때문이었다. 사람이 이렇게 '심리적인 단말마' 상태에 놓이게 되면 아무것도 느끼지 못하는 법이다. […] 마치 행복이 갑작스레 폭발하듯, 나의 내면에 숨어있던 생명력이 다시 나를 찾아온 데에는, 그저 내 바로 앞에 감정적인 대체물들을 놓아준 것만으로도 충분했다. 즉 아름다운 무용수 이모와 더불어, 몸도 마음도 튼튼한 어느 과학자를 말이다."

이제 보리스의 삶에는 다른 소중한 만남들이 이어졌고, 그 만남들은 삶에 대한 그의 갈망을 북돋우고 강하게 만들었다. 고등학교와 대학교를 다닐 때 알게 된 친구들과의 만남, 에밀 졸라와 찰스 디킨스, 프로이트가 남긴 책들과의 만남이 그러했다.

하지만 그 모든 종류의 다른 만남들을 가능하게 만들어 준 것은 에밀과의 만남이었다. 보리스가 사람들 사이에서 인간관계를 맺을 수 있는 능력을 다시 찾을 수 있었던 것은 오직 그와의 접촉 덕분이었다. 물론 그의 이모인 도라도 그에게 있어서 회복탄력성의 멘토가 되어주었던 게 사실이다. 하지만 그는 에밀과의 만남이 이루어진 후에야 비로소 새로운 인생의 궤도 위에 올라설 수 있었다.

어쩌면 에밀은 한 평범한 인간으로서 좋은 본보기에 불과할지도 모른다. 그럼에도 불구하고 이 만남의 결과는 -이것이 바로 만남이 지니는 어마어마한 위력이기도 하다- **무척 특별했다**. 하나의 삶이 새 출발을 하게 됐고, 한 인간 존재가 잿더미 속에서 다시 태어나 행복을 새로이 믿게 됐다. 이것이 만남이다.

지금까지 살펴본 것처럼 진행 중인 만남의 초기 징후들은 심리적인 동요와 호기심, 하나의 인식, 그리고 이 만남에 자신을 던지려는 갈망이다. 또한 타자성의 경험과 하나의 변화, 책임감, 구원도 현재 이루어지고 있는 만남의 징후들이다. 본질적으로 이 징후들은 우리가 단지 우연의 힘만으로 만들어낼 수 없는 것들이다. 이제 이어지는 다음 장에서는 우리가 우리의 만남을 더 특별하게 촉진시키기 위해, 또한 '우연'을 우리 편으로 만들기 위해 무엇을 할 수 있는지 알아볼 것이다.

만남을 내 편으로
만드는 법

La Rencontre

자기의 틀에서 빠져나올 것

간혹 어떤 만남은 '운명'이라는 외양을 띨 때가 있다. 하지만 그렇다고 해서 그 자체가 만남이라는 사실에는 변함이 없다. 철학에서는 이것을 '우연성'이라고 칭한다. 우연성의 사고—**하지만 이렇게 되지 않을 수도 있었다**—는 필연성이나 결정론—**그래서 이렇게 될 수밖에 없었다**—의 사고와 상반된다.

이 모든 게 우연히 벌어진 일이라니

우연성에 입각한 사고는 이런 것이다. 나는 요가 학원 혹은 콘서트에 갔을 때 너를 만났지만, 어쩌면 그때 너를 만나지 못했을 수도 있다. 나는 어쩌면 다른 학원에 등록했을 수도 있었고, 혹은 네가 수업에 왔던 유일한 날에 내가 결석을 했을 수도 있다. 또한 나는 그 콘서트에 가지 않고 집에서 음악을 들었을 수도 있었다. 그럼 우리는 그때처럼, 중간 휴식 시간에 매점에서 팔꿈치를 괸 채 대화를 시작하지 못했을 것이다. 요약해서 말하자면 아마도 우리의 만남은 이루어지지 않았을지도 모른다. 나는 이런 가정들에 대해 확신을 갖고 있기 때문에, 에피쿠로스나 사르트르 같은 철학자들이 주장했던 '우연성'의 철학을 지지한다.

이와 반대로 마르쿠스 아우렐리우스나 스피노자 등의 철학자들은 '필연성'의 철학을 주장했다. 이 철학자들은 세상의 모든 일들이 상위의 필연성(아우렐리우스에게 있어서는 우주의 질서에 의해, 스피노자에게 있어서는 신에 의해)에 의해 생겨난다고 생각했다. 이들의 주장대로 만약 운명이 우리의 발걸음을 인도하고 있는 것이라면, 우리는 직접 능동적인 행동을 함으로써 여러 만남들을 생겨나게 하는 여유를 갖지 못할 것이다.

하지만 에피쿠로스의 입장에서는, 내가 당신과 만나게 되었다는 그 행복한 우연을 인정할 때 비로소 우연성의 특색이 보여주는 완전한 진가를 알아볼 수 있다. 그 만남이 없었다면 우리의 이야기는 결코 시작되지 않았을 테니까. 바로 그런 우연성이 우리의 입맞춤에 감미로운 느낌을 더해주고, 피어나고 있는 우리의 우정에 두터운 신뢰를 안겨주며, 우리의 직업적인 협력에 새로운 차원을 생겨나게 해준다.

이 우연성이라는 개념을 토대로 현실에 대해 생각하고 우리의 만남에 대해 생각하는 일은 삶을 즐기고 그 의미와 가치를 알아차리기 위한 좋은 방식이 된다. 또한 그것은 우리의 인생이 우리 몫으로 남겨놓은 놀라운 일들 앞에서, 삶 자체의 단순한 진실 앞에서, 우리를 계속 경탄하게 만드는 좋은 방식이 된다. 40억 년 전에 우리 지구가 한 혜성과 우연히 충돌하지 않았다면, 정말로 믿기 힘든 이 천체들의 사고가 없었더라면, 그래서 혜성이 지구의 모든 생명체에 필요한 물을 가져다줌으로써 지구를 비옥하고 풍요롭게 만들어주지 못했더라면, 우리의 땅 지구는 발전을 거답할 수 없었을 것이고 아마도 우리 역시 이런 얘기를 나누기 위해 지금 이 자리에 있지 못했을 테니까.

그러므로 행동하는 것, 그것은 우연성에 자극을 주어 그것을 촉발하는 것이다. 즉 과감하게 우연 속으로 뛰어드는 것이다. 만약 우리의 현실이 우연적인 것이 아니라 필연적인 것이라면, 만약 우리에게 일어난 모든 것들이 **그렇게 될 수밖에 없었던 것들**이라면 행동의 철학을 옹호하는 일은 불가능해진다. 이와 반대로 우연성이 지배하는 세계에서는 행동이 결정적인 원동력으로 작용한다. 나는 계속해서 움직임으로써 변화들을 만들어내는데, 비록 그 변화들의 결과를 정확히 가늠할 수는 없지만 그 결과들은 인과성의 굴레에 지속적인 영향을 미치게 된다. 따라서 행동을 한다는 것은 세상의 모양을 새롭게 만들어내는 일이고 카드의 패를 다시 섞는 일이다.

아리스토텔레스는 우리의 세계-즉 영원한 진실의 장소이자 필연적인 세계인 우주와 상반되는 곳, 달 아래에 있는 '이승의 세계'-가 우연성이라는 특성을 지니고 있다고 보았고, 바로 그 이유로 행동의 철학에 관한 사유를 확장시켰다. 이 우연성은 우리의 자유를 위해 하나의 드넓은 공간을 펼쳐주기도 하고, 우리로 하여금 행동을 취하기 위한 적절한 기회, 즉 카이로스를 포착할 재능을 전해주기도 한다. 그런데 아리스토텔레스는 민주주의의 최고 수호자들 중 한 사람이기도 했다. 민주주의 방식을 믿는다는 것은 결국, 집단적인 행동이 사태의 양상도 바꿀 수 있다는 우연성의 명제를 믿는다는 뜻이다.

우연성이 지배하는 세계에서는 타인을 만날 수 없는 우리의 무능함과 외로움이 어떤 운명의 영역에 속하지 않는다. 그것들이 아직 존재의 이유를 지니지 못하기 때문이다. 우연을 자극해서 움직이게 만들려면 자기의 틀에서 나오는 것만으로도 충분하다. 그리고 이는 우리가 타인과 관계를 맺고 연애를 하고 우정을 쌓고 직업적인 인맥을 만들 때부터 시작된다.

우리는 어떤 특정한 기회가 우리에게 객관적으로 주어지는 것이라고 생각하는 경향이 있다. 즉 그런 기회가 우리의 의지나 행동과는 무관하게 독립적으로 주어진다고 생각하는 것이다. 하지만 그런 생각은 기회라는 것이 외부적인 요인에 의해 유발된다는 점을 망각하는 것이다.

오래된 습관과의 이별

삶에서 되풀이되는 기회들은 우리에게 갑자기 미소를 짓는 행운과는 달리, 통계적인 수치로 설명할 수 없는 기회들이라고 할 수 있다. 그러므로 우리는 우리의 행동과 더불어, 타인이나 세계와 상호작용하는 우리의 방식에서 그 기회의 원인을 찾아야만 한다. 우리가 능동적이고 수용적인 태도를 지니고, 두 눈을 크게 뜬 채 타인이라는 존재를 향해 나아가는 방식을 취할 때, 그리고 세상이 우리에게 보내는 모든 신호들에 대해 민감하게 반응할 때, 우리 앞의 기회들은 자극을 받고 움직이기 때문이다. 이에 대해 심리학 교수 필립 가빌리에는 다음과 같이 말했다. "우리는 단순한 우연이라는 이 '날 것' 그대로의 물질을 재활용해서, **'긍정적인 기회'**라고 불릴 정제된 산물로 변모시켜야 한다." 고대 로마의 시인인 베르길리우스도 이런 말을 했다. "기회는 용감한 사람들에게 미소를 보낸다." 다시 말해서 기회는 우연이라는 문을 두드리지도 않으며 아무에게나 호의를 베풀지도 않는다. 또한 기회는 제 스스로 만들어낸 산물이 무엇인지 알아볼 수도 있으며, 맹렬하게 그 기회 속에 진입하는 사람들을 알아본 후 그들에게 다가

갈 수도 있다. 또한 기회는 자기보다 앞선 사람들이 내어놓은 길을 걷는 데에 만족하지 않고 자기 현실 속에서 새로운 길을 내보려고 노력하는 사람들을 알아보며 그들에게 다가간다.

우리 앞에 놓인 이 기회들을 촉진하기 위해서는 우선 우리를 무감각하게 만드는 우리의 오래된 습관들과 결별해야 한다. 기회를 촉진하기 위해서는 종종, 옆으로 살짝 걷는 한 걸음부터 시작해야 하며, 아주 사소한 것이라고 해도 자기의 오래된 습관 한 가지를 멈추는 것부터 시작해야 한다. 삶의 속박 때문에 우리가 밖에 나가지 못한다면, 그 속박은 만남이 제공하는 가장 이로운 곳으로 우리가 가지 못하게 만드는 셈이다.

가령 우리는 매일 아침 회사에 출근하기 위해 같은 길로 들어서면서, 또는 금요일마다 같은 슈퍼마켓의 상품 진열대를 어슬렁거리면서 멋진 만남을 만들어낼 가능성을 항상 갖고 있다. 하지만 안타깝게도 그런 일상 속의 소중한 기회들을 가볍고 소홀하게 넘기는 경향이 있다. 우리가 일상에서 마치 오토파일럿(선박이나 항공기에서의 자동 조종 장치. -역주)처럼 반사적으로만 행동한다면 우리 옆에 존재하기 위해 다가오는 누군가를 알아보지도 못할 것이다. 그렇게 되면 우리가 만남의 가능성을 위해 남겨놓은 공간도 더 이상 채워지지 않는다.

다행히 우리는 좋아하는 밴드의 콘서트에 간다든가 아니면 친근하게 여기는 작가의 팬 사인회에 가는 특별한 순간에는 마음을 활짝 열곤 한다. 마찬가지로 탱고 수업이나 도장(道場)에 갈 때, 우리의 마음은 세상을 향해 그리고 우리의 호기심을 충족시키는 일에 활짝 열려있다. 이렇게 우리의 주된 관심사나 취미는 반복적인 일상이 우리를 가두어놓는 세계에서 우리가 타인을 향해 마음을 열 수 있게 만들어준다. 탱고 수업이나 무예 수업에 참여하는 행동이 하나의 습관을 북돋우는 것이라고 가정할 때, 그 습관은 우리의 삶을 구성해 주고 우리의 발전을 가늠할 수 있게 해주며, 또 그러한 자격을 통해 우리가 정신적으로 깨어 있을 수 있게 해주는 하나의 관습에 가깝다고 할 수 있다.

그렇지만 외출을 할 때 오로지 '만남'이라는 유일한 목적을 갖고 밖에 나가서도 안 된다. 내가 오직 **누군가를 만나기 위해** 탱고 수업에 등록을 하는 것과, 탱고에 관한 흥미를 품고 내 춤 실력을 높이기 위해서, 또 결과적으로 그런 기회를 통해 누군가를 만나기 위해 탱고 수업에 등록하는 것은 그 동기가 서로 완전히 다르다. 첫 번째 경우에서는 누군가를 만나겠다는 강한 의지를 품은 접근 방식이 오히려 역효과를 내서, 자기의 목적과 초조한 기다림이 중압감으로 작용할 것이고, 만약 그게 실패로 돌아가기라도 한다면 결국 큰 실망과 환멸을 느끼게 될 것이다. 이와 반대로 두 번째 경우에서는 마치 보너스 선물을 받은 것처럼 만남이 생겨난다. 즉 이 경우에서의 만남은 신이 내려준 하나의 은총처럼 생겨난다. 또한 우리의 행동과 우리의 열정, 우리의 개방성, 우리의 호기심을 통해 비옥해진 땅 속에서 한 송이 꽃이 피어나듯 자연스럽게 만남이 생겨난다. 그런데도 우리는 어째서, 한 친구 부부가 '주선자'라는 명목으로 마련한 저녁 식사 초대에조차 '부담스러운 마음'을 느끼는 것일까? 그 만남으로 행복한 시간을 보내든 그렇지 않든, 그 만남의 시간은 우리에게 유익한 시간이 될 수도 있는데 말이다. 게다가 어쩌면 그 외출이 다른 누군가를 마주치는 길로 나를 인도할 수도 있지 않은가!

우리가 데이트 앱을 소비하는 방식

우리는 아주 어렸을 때부터 서구적인 의지주의(의지를 정신 작용이나 세계의 기초로 보는 학설. -역주)의 사고방식을 지적인 양분으로 흡수해 왔으며, '무엇인가를 원한다면 그것을 할 수 있다'라는 의지 중심적인 이데올로기 속에서 성장해 왔다. 그로 인해 우리는 수많은 기회들을 스쳐 지나는 위험을 감수하고 있다. 특히 기회를 열심히 찾아 헤맬 때보다 그 기회가 자연스럽게 우리에게 주어질 때 그것들을 놓칠 위험이 더 크다.

어떤 우연이나 실수로 인해 생겨난 발견이나 발명을 지칭하는 '세렌디피티serendipity' 역시 우리의 행동이 없다면 찾아올 수 없다. 이런 우연한 기회를 포착한 사람들은 어쩌면, 자기 집에서 나오지 않는 바람에 그들의 연인을 영영 만나지 못했을 수도 있다. 그러나 그들은 밖에 나왔고 연인도 만났다.

사회학자 에바 일루즈는 자신의 책『사랑의 종말』에서, 만남을 목적으로 개설된 인터넷 사이트나 스마트폰의 어플리케이션에 대해 시종일관 아주 냉소적인 시선과 자세를 유지한 바 있다. 그런 매체들 속에서 '사랑의 상품화'를 발견했기 때문이다. 이에 따르면, 웹사이트에서 자기의 파트너를 선택하는 일은 -마치 우리가 그 사람을 하나의 소모품으로 만드는 것처럼- 연인 관계의 핵심이라고 할 수 있는 미지의 신비로움을 상대방에게서 박탈하는 일이다. 그런 식의 접근 방식은 십중팔구, 상대에게 향하는 최선의 길이 될 수 없으며, 상대가 지닌 유일성과 상대가 지닌 복잡성을 발견하는 데 있어서도 최선의 방법이 될 수 없다. 만남을 목적으로 개설된 웹사이트들의 유용성은 우리를 집 밖으로 나가게 하는 최소한의 효력만 지닐 뿐이다. 그래서 이런 주장에 동조하는 어떤 사람들은 소개팅 매체를 이용하는 것이 만남의 시시한 시작이라고 판단하기도 한다.

하지만 나는 그런 행동조차 가만히 있는 것보다는 분명 더 나은 행동이라고 말하고 싶다. 더욱이 삶이란 불시에 우리를 놀라게 하는 경향이 있고, 아무 일 없이 직선으로 진행된다기보다 항상 구불구불하게 흐르는 법이다. 이를테면 우리는 두 갈래 길 앞에 설 수도 있고 예상하지 못했던 방향으로 접어들 수도 있으며, 심지어는 뒤로 돌아갈 수도 있다. 그러므로 그런 종류의 만남이 '시시한 시작'이라는 생각은 큰 의미를 지니지 못한다. 여기서 핵심적인 것은 만남을 향해 앞으로 나아간다는 것이고 하나의 움직임을 과감하게 시도한다는 점이다.

물론 누군가는 그런 매체들을 보면서, 사랑이라고 할 때 떠오르는 공상적이고 낭만적인 이미지와 거리가 멀 뿐 아니라, '현재 이용 가능한 싱글들이 진열된 슈퍼마켓'의 한 종류 같다는 차가운 인상을 받을 수도 있을 것이다. 하지만 그 매체들은 단지 플랫폼일 뿐이고 우리에게 제공된 하나의 도구일 뿐이라는 사실을 염두에 두어야 한다. 즉 그것들은 그저 장점과 단점을 골고루 갖고 있는 어떤 수단일 뿐이며, 중요한 것은 우리가 그것들을 통해 무엇을 할 수 있는지 생각해 보는 일이다. 만남을 주선하는 어플리케이션에 회원등록을 하는 일은 타인을 향한 한 걸음을 이미 내딛었다는 것을 의미하며, 이 첫 걸음으로부터 흘러나오게 될 결과는 전적으로 우리에게 달려있다. 그 결과는 또한 우리가 그 어플리케이션을 **소비하게 될 방식**, 또는 그와 반대로 우리가 그 어플리케이션에 **시간과 노력을 쏟게 될 방식**에 달려있다.

예를 들어 공들여 자기 프로필을 작성하는 데 드는 노

력은 만남을 향해 우리가 쏟는 정성을 증명하는 첫 번째 징후가 된다. 즉 개인적이고 솔직한 자기소개 몇 마디를 통해 신비로운 분위기를 유도하고 수수께끼 같은 부분을 남겨두는 행동은 타인으로 하여금 나에 대해 더 알고 싶다는 욕망을 느끼게끔 만든다. 그 후에 우리는 누군가가 이와 같은 방식으로, 즉 앞으로 내가 사랑하게 될 누군가가 자신의 시간을 내서 관심을 쏟으며 우리의 프로필을 살펴보기를 원한다. 상품의 가격표를 힐끗 보는 식으로 프로필을 **소비하지 않고** 여유 있고 섬세하게 그것을 바라봐 주기를 원한다.

마찬가지로 우리 역시 자신의 마음을 끄는 특정한 프로필에 '좋아요'를 하나둘 누르면서 우리 내면에 있는 무엇인가를 자극하게 된다. 바로 이렇게 만남의 실마리가 탄생하게 되고, 그 실마리는 서로가 주고받게 되는 첫 메시지 속에서, 그리고 두 사람이 망설이고 주저하며 고른 첫 번째 문장 속에서 빛을 발하며 솟아오른다. 그렇게 되면 만남의 핵심을 관통하는 무엇인가가 생겨나게 되고, 우리는 이것들을 아주 생생히 감지할 수 있다. 처음으로 주고받았던 대화에서의 두드러진 특징, 상대의 말에 척척 대답하는 신속함, 대화의 소재에 대해 상대가 재치 있게 응답하는 순발력, 우리가 한바탕 웃음을 터뜨리며 읽게 되는 재미있는 답변들…….

사실 웹사이트와 어플리케이션을 통해 멋진 만남을 성사시키는 데에는 많은 요소들이 걸림돌로 작용하고 있다. 하지만 우리가 이런 매체들을 분별 있게 이용하기만 한다면, 그 편리함으로 인해 많은 혜택을 누릴 수 있고 멋진 만남을 완성시키는 일도 분명 가능해질 것이다.

자신의 틀에서 빠져나오기

행동을 한다는 것, 그것은 앞으로 어떻게 될지 모르는 상태로, 우리의 행동과 이 세계와의 만남이 어떤 결과를 빚어낼지 예상하지 못한 채, 어떤 모험을 감행하는 것이라고 할 수 있다. 그러나 이 모험은 우리 마음속의 생명력이 더 많이 흘러넘칠수록, 그리고 내면성이라는 정원을 어떻게 계발해야 하는지 더 많이 알고 있을수록, 더 많은 기회를 갖게 된다. 그러므로 하나의 새로운 일에 착수하는 것은, 즉 전통 무예나 춤을 배우는 것, 유행하는 음악 혹은 작가에게 열정을 쏟는 것, 무엇인가에 관심과 호기심을 갖는 것 등은 우리가 어떤 만남을 두 배로 준비할 수 있도록 만들어준다. 만남의 잠재적인 무대-무도장이나 무술 도장, 카페, 콘서트홀, 미술관 등등- 쪽으로 우리 자신을 이동시키는 방식으로 말이다. 그리고 더 근본적인 측면에서 볼 때, 그런 적극적인 시도들은 우리를 발전시키고 풍요롭게 만들어줄 기회를 제공해 준다. 자신의 내적인 삶에 자양분을 준 후에 외부의 세계로 모험을 감행하는 행동, 자신의 내면으로 돌아간 후 자신의 틀에서 빠져나오는 행동, 이런 것들은 모두 일종의 '파 드 되(발레에서 두 사람이 추는 춤. -역주)'와 같은 효과를 낼 뿐만 아니라, 좋은 만남을 갖기 위해 타인과 접촉하려고 부단한 노력을 기울이는 행동만큼이나 유익한 작용을 할 수 있다.

우리는 앞에서 헤겔의 이론을 경유하여, 자신에 대해 자각하는 데 있어서, 또 타인들과의 관계에 변화를 주는 데 있어서 만남이 얼마나 큰 도움을 주는지를 살펴보았다. 헤겔의 유명한 변증법 이론은 하나의 생각이 그것과 다른 생각의 차이를 완전하게 드러내기 위해서는 반대 명제를 필요로 한다는 점을 우리에게 알려주었다. 그리고 한 사람의 개인이 자신의 독특한 개별성을 스스로 파악하려면 타자성을 경험해야 한다는 사실도 이해할 수 있게 해주었다. 그러나 우리는 그런 변증법적인 사고가 어떤 면에서 행동의 철학을 내포하고 있는지에 대해서는 가늠해 보지 않았다. 헤겔은 이런 행동의 철학이 자신의 내면성을 외면화하는 수단이라고 정의했으므로 이것에 대해 좀 더 알아볼 필요가 있다.

우리가 어떤 특정한 행동을 한다고 가정해 보자. 그것은 우리가 외부 세계에 진입한다는 것을 의미하지만 그렇다고 해서 우리가 우리의 내면성으로부터 방향을 돌린다는 것까지 의미하지는 않는다. 오히려 그와 반대로 우리는 어떤 행동을 취할 때, 우리의 내면성에 객관적인 하나의 존재를 부여하는 경향을 지닌다. 또한 바깥세상을 향해 모험을 하는 일은 우리가 우리 내면에 떠오르는 것들을 현실화할 수 있게 해주고 우리에게 중요한 것들이 무엇인지 알아볼 수 있게 해준다. 즉 우리 마음속을 관통하는 감정들, 우리에게 활기를 주는 여러 취미들, 우리가 지니고 있는 가치 등이 그런 것들이다. 우리가 타인을 만나지 않는다면 어떻게 이것들을 인식할 수 있겠는가? 그리고 자신의 집에서 나가지 않은 채 어떻게 타인을 만날 수 있겠는가? 모두 불가능할 것이다. 헤겔의 관점에서는 '절대자'인 신조차 자신이 신이라는 것을 인식하기 위해 '자신의 틀'에서 빠져나와 어떤 행동 속으로 자신을 던져야만 했다. 신은 본래, 스스로 자신만의 가치를 갖고 있다는 주관적인 감정 속에서 '자신의 틀' 안에 갇혀있는 존재였다. 하지만 이것만으로는 신에게 충분하지 않았다. 우리에게 그런 것과 마찬가지로, 헤겔이 생각하는 신에게 있어서도 타자성이 필요했다. 오로지 타자성만이 우리로 하여금, 우리가 지닌 가치가 어느 정도인지 알게 해주고 우리가 실제로 어떤 사람들인지 알게 해주기 때문이다.

그러므로 우리는 조만간에 자신의 틀에서 온전히 빠져나와야만 한다. '자신의 틀에서 나오기'라는 이 말이 어쩌면 은유적인 표현으로 들릴지도 모른다. 하지만 자신의 틀에서 나오라는 말은 무엇보다도 '자신의 집에서 나오는 것'을 우선적으로 의미한다. 즉 나른하고 무기력한 일상의 공간과 결별하고 자신의 안락한 장소를 떠나, 자신의 상황을 바꾸기 위해 자기 스스로 움직여야 한다는 뜻이다.

최근 우리는 우리와 타인의 관계를 재정립할 수밖에 없었던 '거리 두기'를 경험했다. 그 때문에 우리는 타인과의 연결 고리를 끊지 않기 위해 창의성을 발휘해야만 했다. 새로운 기술들은 그 특별한 상황에서 우리에게 아주 유용한 수단이 되어주었다. 앞에서 '만남을 주선하는 앱'을 예로 들어 살펴보았듯이, 계속해서 '자신의 집'에 머무는 동안에도 '자신에게서 나오는 일'이 가능해졌다. 때로는 모든 것을 한 번에 실행하는 것보다, 천천히 단계를 밟아 일을 진행시킬 필요도 있다. 어떤 행동을 취할 결심을 하는 것, 만남을 성사시키는 데 유익한 준비 태세를 갖추기 위해 필요한 행동을 하는 것, 자신의 오래된 습관을 바꾸려고 애쓰는 것, '모든 일은 실현 가능하다'는 긍정적인 생각 쪽으로 자신의 마음을 활짝 여는 것, 이 모든 것들은 이미 자신(자신의 집)에게서 나오는 것을 의미한다. 그렇게 자신의 틀에서 빠져나올 때, 하나의 결정적인 만남이 우리의 현실 속에서 실현될 수 있다.

데이비드 보위와 루 리드의 만남

수많은 배우들과 영화감독들, 가수들뿐만 아니라 기업가들은 공적인 자리에서 그들의 직업적인 성취와 성공의 비결에 대한 질문을 받을 때, 한결같이 '결정적인 만남'에 대한 이야기로 그 대답을 대신한다. 그들은 종종, 그 만남이 마치 '하늘에서 갑자기 뚝 떨어진 만남' 같았으며 우연이라는 나무에서 떨어진 기적의 열매와도 같았다는 경험담을 털어놓는다. 그들은 아주 겸손한 태도로 자기들이 그 결정적인 만남에 모든 것을 빚지고 있다고 단언하지만, 정작 그 만남이 이루어질 수 있도록 애썼던 과거에 대해 밝히는 일은 빠뜨리곤 한다.

예를 들어 한 남자 배우는 길거리에서 만난 영화감독이 자기에게 딱 맞는 배역을 줘서 성공할 수 있었다고 말해왔다. 하지만 그는 과거에 이미 자기 방 안에서 영화에 대한 꿈을 키우던 청소년이었고, 온갖 장르의 영화들을 섭렵한 관객이었으며, 학교에서 연극 수업을 들으러 다니던 학생이었다. 이후에 그는 오디션을 받기 위해 자기의 집을 나섰으며, 몇 년 동안 단역배우로 활동하다가 자기의 운명을 바꾸었다는 결정적 만남을 가졌다. 그러므로 사실 그 만남은 그의 노력과 탐구, 발견에 의해 몇 년간 준비된 것이다.

록 뮤지션 데이비드 보위 역시 인생에서 아주 귀중한 만남을 몇 차례 경험했는데, 그 만남들은 록 음악의 역사를 새로 장식한 전설적인 앨범들을 탄생시켰다. 그런데 데이비드 보위가 경험한 소중한 만남들 중 그 어떤 것도 단지 우연의 결과로 이루어지지 않았다는 점에 주목해야 한다. 그의 자서전을 읽어보면, 그 각각의 만남들이 얼마나 여러 방면에서, 심지어 몇 년 전부터 미리 준비되었는지를 알아차릴 수 있다.

데이비드 보위는 뉴욕의 전설적인 클럽인 '막스 캔자스 시티' 레스토랑에서 루 리드를 처음으로 만났다. 보위가 자신의 앨범을 녹음하기 위해 이제 막 뉴욕에 도착했던 시점이었다. 보위는 스물네 살의 젊은이였지만 이미 뮤지션으로서의 눈부신 성공을 거둔 터라 하루 24시간이 모자랄 지경이었다. 반면에 루 리드는 조만간 서른 살이 될 나이였고 음악계에서 여러 차례 실패를 경험한 후 크게 상심한 나머지, 롱 아일랜드 섬의 해변에서 쓰레기를 수거하는 일로 생계를 이어가고 있었다. 보위의 매니저가 두 사람의 저녁 식사 만남을 계획했는데, 그날 보위는 세련된 멋쟁이처럼 옷을 차려 입고 나왔고, 루 리드는 모양새가 좋지 않은 허름한 옷을 입고 나와서는 말도 거의 하지 않았다. 그럼에도 불구하고 두 사람 사이에는 강한 전류가 통했다.

이 장면을 이해하기 위해서는 5년이라는 세월을 더 거슬러 올라가야 한다.

그 해 열아홉 살이었던 보위는 매니저에게 대서양 건너편, 즉 미국에서 대중들이 어떤 음악을 듣고 있는지 그 동향을 알아봐 달라는 부탁을 했다. 그 후 미국에 다녀온 매니저는 보위에게 한 장의 음반을 건네주었다. 그것은 정말 단순한 데모음반-정식 앨범은 1년 후에 나오게 된다-이었고, 앤디 워홀의 아주 강렬한 사인으로 장식되어 있었으며, 그 사인 옆에는 이런 그룹 이름이 적혀있었다. '밸벳 언더그라운드와 니코.' 루 리드는 이 그룹의 가수였다. 보위는《뉴욕 매거진》과 인터뷰를 했을 때, 그 데모음반을 처음으로 들었던 순간 느꼈던 감정을 이렇게 회상했다. 그 음악은 그의 인생에서 "가장 미학적인 충격들 중 하나"였으며 "순수한 황홀감" 그 자체였다는 것이다. 보위는 이렇게 구체적인 말로 덧붙였다. "그것에 대해 의식도 못한 채 살고 있었지만 내가 록음악을 향해 품고 있었던 그 모든 감정들이 내 마음 속에 참모습을 드러냈어요. 아직 발표도 안 된 그 데모음반 덕분에 말이죠." 보위는 그 파격적인 앨범 중에서 루 리드가 불렀던 노래들을 들으며 며칠 동안 밤을 새우기도 했다. 그 음반에 담긴 음악들은 완전한 독창성과 기이한 친근함을 결합시킨 음악적 성취를 보여주고 있었는데, 그런 것들이 보위의 마음에 큰 울림을 주었다.

물론 이 만남의 예시는 정말 특별한 경우이다. 왜냐하면 보위는 루 리드를 만나기 전부터 그를 만날 준비를 하고 있었으니 말이다. 그럼에도 불구하고 이 만남 역시 그 속에 하나의 보편적인 진실을 담고 있다. 즉 아름다운 만남들은 노력에 의해 준비된다는 점이 그것이다. 데이비드 보위는 무엇인가를 찾아내거나 배우는 일을 결코 멈추지 않았고 모든 일에 호기심을 느끼며 다가가는 사람이었다. 정말이지 악착스럽고 부지런한 뮤지션이었던 것이다. 그는 이제 막 찾아낸 이 벨벳 언더그라운드의 중요한 앨범에 대해서도 그런 기질을 발휘했다. 앨범 속 음악들을 낱낱이 파헤치면서 음악의 화음과 편곡 방식을 분석하기도 하고, 음악 속에 도사리고 있는 독특하면서도 야성적인 그 힘을 자기 음악에 적용시켜 보기도 했다. 이렇게 하나의 영역을 더 깊이 파고들고 자신의 감식안을 더 예리하게 다듬으며 감수성을 단련시키는 일은 그만큼 더, 자신의 내면성을 폭넓게 만들고 타인과의 만남을 위한 공간을 활짝 여는 계기가 되었다.

보위와 루 리드의 이 만남 이후에 그들의 합작품이라 할 수 있는 앨범《트랜스포머》가 나왔는데, 벨벳 언더그라운드의 이 두 번째 음반은 상상을 초월할 정도로 선풍적인 인기를 끌었다. 이 곡은 기타리스트이자 보위의 편곡자인 믹 론슨의 건반 반주가 가수의 침울한 음색을 편안하게 떠받쳐 주고 있고, 음악 전체의 분위기가 보위의 장중한 관현악법과 창의적인 지휘를 통해 새롭게 변모되었다.

사실 루 리드가 알씨에이사의 매니저로부터 그 저녁 식사에 초대하고 싶다는 전화를 받았을 때, 그는 바로 승낙하지 않은 채 망설였다고 한다. 몹시 피곤하기도 했고 자신의 처지가 우울하기도 해서 그냥 집에 있는 게 나을 것 같다는 생각이 들었다는 것이다. 만약 그가 기운을 차려서 소파에서 몸을 일으키지 않았더라면 아마도 전설적인 명반《트랜스포머》는 결코 탄생하지 않았을지도 모른다.

자신의 틀에서 나온다는 것은 불확실성과 실패에 노출된다는 의미를 갖기도 한다. 하지만 행동하기 전에는 우리의 행동이 이 세상에서 무엇을 만들어낼지 알 수 없다. 그러므로 우리는 무슨 일이 있더라도 행동을 취해야 한다. 위험을 무릅쓴다는 것의 모든 아름다움, 존재가 지니는 흥취가 바로 거기에 있기 때문이다. 그것이 행동의 철학이 내포하고 있는 핵심 그 자체이다. 더욱이 실패의 경험 역시, 실질적인 만남의 '준비'에 관여한다. 마침내 하나의 만남이 이루어질 때, 그 만남은 우리가 지금까지 걸어온 그 길로 인해 풍성해질 것이다.

"시도해 보면 알게 될 거야"

우리가 살고 있는 이 시대는 '예측'과 '예상', 또는 '미리 계산된 위험성'에 따라 행동하는 쪽을 더 선호한다. 하지만 이 경우, 우리가 어떻게 뜻밖의 만남을 위해 몸을 움직일 수 있을 것이며, 신뢰를 갖고 낯선 사람을 향해 과감하게 다가갈 수 있을 것인가? 인간이라는 존재가 지닌 관리자적인 시각은 인생에서의 모험적인 발상을 항상 압도해 왔다.

네비게이션을 예로 들어보자. 이 장치는 우리가 정해진

장소에 도착하게 될 때까지 끊임없이 재조정되는 기기이다. 그 결과 우리가 다니는 길은 '여정'과 '여행길'의 개념을 모두 상실했다. 우리는 이제 여행을 하는 것이 아니라 그저 장소의 이동을 할 뿐이다. 그래서 눈앞에 펼쳐진 아름다운 풍경을 향해 눈을 크게 뜨는 것도, 여유로운 산책의 시간을 갖는 것도, 즉흥적으로 떠오른 장소로 무작정 떠나는 것도 모두 불가능해졌다. 우리는 네비게이션이 **우리의 행동을 인도하도록** 내버려두며 기계의 지시에 계속 복종하고 있다. 이 장치는 우리에게 족쇄를 채워서 우리의 실질적인 행동의 특징들이 나타나는 것을 방해할 뿐 아니라, 우리의 반응성과 자발성, 그리고 직관에 귀를 기울이는 우리의 본능까지 방해한다.

우리에게 이런 작용을 하는 것은 네비게이션 뿐만이 아니다. 엑셀이나 두들(온라인 캘린더 도구. 역주)과 같은 편집 프로그램, 전자 달력, 온라인 사회 관계망 서비스나 만남을 주선하는 사이트에서 쓰는 알고리즘 프로그램 등 수없이 많다. 그러므로 우리가 현재 이용하고 있는 이 도구들은 중립적인 것들이라고 할 수 없다. 그 도구들은 세계에 대한 하나의 시야만을 우리에게 전달해 줄 뿐이다. 즉 거기서는 모든 것들을 예상할 수 있고 또 그렇게 예상해야만

하며, 모든 것들이 합리화되고 극대화되어야 한다. 하지만 우리의 실질적이고 본질적인 삶은 우리의 예상을 빠져나가는 바로 그곳에 놓여있다.

모든 것을 미리 내다보기를 바란다면 그것은 행동 그 자체가 지닌 진실을 망각하는 것이다. 행동이라는 것은 미리 앞선 성찰의 결과로 요약될 수 없다. 왜냐하면 행동은 무엇보다도 하나의 순간이고 하나의 열림이며, 자신에게 가치를 지니는 낯선 타인을 향한 도약이기 때문이다. 이 행동 속에서는 그동안 생각하지도 못했던 무엇인가가, 아직 계획조차 제대로 세우지 못했던 소중한 무엇인가가 탄생하고 발명된다.

내 아이들이 어렸을 때 들려주곤 했던 말이 떠오른다. 그 당시 내 아이들은 아는 사람이 거의 없는 큰 규모의 생일 파티에 가는 일을 두려워하고 낯선 어른과 대화를 잘 이어나가지 못하는 소심함을 보였는데, 나는 그때마다 아이들에게 "시도해 보면 알게 될 거야"라는 말을 해주었다. 그것은 꽤 좋은 작용력을 지닌, 아주 단순한 라이트모티프(본래는 음악에서 주제적 동기를 취하는 악구를 의미하며, 비유적인 의미로는 '계속 되풀이되는 주제'를 의미한다. -역주) 같은 것이었다. 나는 이 말이, 한 인간 존재와 타인들, 그리고 하나의 특정한 행동이 맺고 있는 모든 관련성을 요약한다고 생각한다.

당신은 앞으로 어떤 일이 당신을 기다리고 있을지 모르기 때문에 지금 불안한 것이다. 그 불확실성이 당신을 불안하게 만들기에 그곳에 가지 말아야겠다는 마음에 휩싸인 것이다. 하지만 주저하지 말고 그냥 그곳에 가보라. 그러면 알게 될 것이다. 그곳에 당신의 몸과 마음을 던져보라. 기회의 바로 옆을 그냥 지나치지 말라. 이제 펼쳐질 일이 무사히 잘 지나가게 될 것이라고 자신을 납득시키되, 그 많은 헛된 불안들 때문에 미리 걱정에 빠지지는 말라. 하긴 그렇게 될 수도 있을 것이다. 앞으로 하게 될 경험이 불행한 것일 수도 있다. 하지만 그것은 별로 중요하지 않다. 왜냐하면 최악의 사건도 하나의 거대한 가능성에서 한 부분을 이루는 일부이기 때문이다. 그러니 한번 시도해 보라. 그러면 알게 될 것이다.

나는 이 '안다'는 개념을 통해, 그리고 그 개념에 내포된 '곧 알게 될 거야'라는 운명론적인 면모를 통해 아이들이 불안증에서 풀려나 자유로워졌다는 것을 알아차렸다. 이 말은 어떤 움직임을 시작하는 데 필요한 개인적인 의지의 첫 발걸음에 약간의 온화함을 부여해 주었다. 그리고 이 시도가 나중에 실패할 수도 있다는 사실을 인식하는 것 역시, 아이들을 자유롭게 만들어주었다. 설사 그들이 "이 일은 잘 풀릴 거야, 두려워하지 마"라는 말에서 어떤 부정적인 태도와 미래의 위험성을 미리 부인하려는 태도 밑에 깔린 기만을 감지했다고 할지라도 말이다. 이렇게 "시도해 보면 알게 될 거야"라고 스스로 주문을 거는 것은 어떤 사건의 도래와 만남에 필요한 두 가지 조건을 결합시키는 초대장이라고 할 수 있다. 그러므로 자신의 집에서 나온 후에는, 앞으로 자기 앞에 나타나게 될 것들을 기꺼이 수용할 준비가 되어있어야 한다. 그것이 좋은 것이든 나쁜 것이든 상관없이 말이다. 자신의 몸과 마음을 던지되, 어떤 목적을 향해 긴장하기보다는 정신의 문을 활짝 열어놓는 것이 더 좋다. 또한 목표물에 대해 **집중하기**보다는 그 나머지 것들에 **주의를 기울이는 것**이 더 좋다. 내가 하나의 목적성에만 정신을 빼앗긴 채 밖에 나간다면 그 목표에는 도달할 수 있을지 모르지만, 현실이 나에게 제공할 모든 기회들을 계속 스쳐 지나가기만 하면서 결국 그것들을 놓치게 될 가능성이 많다. 그러나 이와 반대로 내가 내 정신의 대문과 창문들을 모두 활짝 열어놓는다면, 또한 나의 첫 번째 목표물과 더불어 '지금 바로 여기'에 주의를 기울인다면 거대한 가능성의 무대가 당신 앞에 모습을 드러낼 것이다.

지금까지 이야기했던 만남의 첫 번째 조건은 '행동'이었다. 이제 두 번째 조건을 여기에 덧붙이는 것이 좋을 것 같다. 그것은 바로 '개방성'이다. 사실 앞부분에서 얘기한 것들, 즉 오래된 습관에 파묻히는 일에서 벗어나 수용적이며 주의 깊은 태도를 취하고, 비일상적인 방식으로 자신의 집에서 나가야 한다고 강조하는 동안, 이미 나는 개방성에 대한 찬사를 보내고 있는 셈이었다. 우리는 이제 조금 더 깊이 들어가서, 이 개방성이 우리에게서 해명을 요구하는 그 존재적인 특성을 이해하게 될 것이다.

우리가 취하는 '행동'은 우리를 미래로 흘려보내기도 하고 내일을 향해 돌진하게 만들기도 한다. 이에 반해 개방성은 그것 자체가 '현재의 기술'이라고 할 수 있다.

특정한 것을 기대하지 말 것

개방성에 대한 찬가

우리가 자신의 집에서 나와야 하는 진정한 이유는 **무조건 타인들을 만나기** 위해서가 아니라 **'만남'에 대해 개방적이고 유연한 태도**를 취하기 위해서이다. 어떤 만남을 기대하면서 앞으로 만날 사람에 대해 지나치게 구체적인 이미지를 그려놓는 것은 우리의 기준에 맞지 않는 사람과의 만남을 놓치게 만든다.

우리는 어떤 특정한 기대와 기다림을 간직한 채 살아가

기 때문에 우리의 욕망으로부터 벗어날 수 없다. 이런 기다림은 하나의 움직임을 시작하게 만든다. 하지만 기다림이 단지 기계의 모터 같은 작용만 한다면, 그 기다림은 우리로 하여금 여러 가능성들을 보지 못하게 만들 것이고, 결국 현실의 생생한 기회들을 가리는 눈가리개가 될 것이다. 어떤 관점에서 보면, 우리가 기대하는 것들이 구체적인 이미지를 가지고 있지 않을수록 그 기다림은 우리가 지닌 시야의 범위를 더 넓혀주고, 우리가 이 세계나 타인들과 맺는 관계의 지평을 더 넓게 열어준다. 그러므로 때로는 특정한 기대감을 모두 버리고 완전히 새로운 다른 것에 마음을 여는 방법을 배워야 한다.

정말로 내가 원하는 것인가

나와 매우 친한 친구가 하나 있다. 그는 이혼을 한 후에 3명의 10대 아이들을 키우는 가장이었다. 수년째 독신 생활을 이어오던 그는 새로운 연애를 꿈꾸었고, 자기가 어떤 유형의 여성을 원하는지 정확히 알고 있다고 단언했다. 그가 원하는 여성상은 이미 한두 명의 자녀가 있으며, 자기와 대화가 잘 통할 수 있도록 나이대가 비슷하고, 더 이상 아이 갖기를 원치 않는 그런 여성이었다. 그는 여자와 밤새도록 열정적으로 사랑을 나누고 어린 아기를 돌봐야 하는 시기가 자기 인생에서 이미 지나갔다고 생각했으며, 그런 것들에 대한 욕망도 이제 갖고 있지도 않다고 했다.

그런데 한 친구 집에서 저녁 식사 모임을 가지던 날, 그는 자기 기준에 전혀 부합하지 않는 여자와 '사랑에 빠졌다.' 자식이 없었던 그녀는 아이를 갖고 싶어 했는데-그것도 여러 명을!- 머지않아 40대가 될 나이였으므로 아이를 가질 수 있는 기한도 그리 넉넉하지 않은 시점이었다. 그런 상황은 그가 예전에 **우선적으로** 피하고 싶었던 경우에 해당하는 것이었고, 그녀의 그런 희망은 예전에 그를 불안감에 몰아넣었던 바로 그 생각이었다. 자기에게 앞으로 아이가 더 생겨서 네다섯 명의 자녀가 있다면 어떤 상황이 펼쳐질 것인가? 우선 그 아이들은 서로 나이차가 크게 벌어질 것이었다. 게다가 젖먹이 아기들은 한시도 눈을 뗄 수 없을 만큼 고달픈 육아를 하게 만들 것이고, 나중에 자녀들 사이에서 거북하고 불편한 일들이 생겨날 것이었다. 그런데 진정한 '문제'는 따로 있었다. 그것은 그가 그런 그녀를 너무나도 좋아한다는 것, 그리고 두 사람 모두 같은 감정을 갖고 있다는 점이었다.

현재 이 커플은 정말 행복하게 잘 살고 있으며 2명의 자녀를 낳았다. 그리고 열정적으로 사랑을 나누는 밤들을 이어가고 있다. 그 친구의 10대 아이들에 관해 말하자면, 그 아이들은 이복동생들을 정말 아끼고 있다. 또한 자기가 아이를 돌봐주겠다며 서로 옥신각신하기까지 한다.

그렇게 해서 내가 그 고집스러움을 놀리곤 했던 내 친구, 자기가 원하는 이상형을 완벽하게 알고 있다고 자부했으며 자기 목표를 이루기 전에는 집착의 끈을 결코 놓지 않으려고 했던 그 친구는 이제 '완전히 바뀌었다.' 그리고 자신이 가졌던 최초의 그 기대에 대해 이로운 거리 두기를 함으로써 현재 자신에게 일어난 일들을 모두 받아들이게 되었고, 삶이 그에게 베풀어준 것들에 대해 마음을 열게 되었다. 그 선물과 같은 소중한 것들은 그가 기대했던 것들이 전혀 아니었는데 말이다. 자신의 생각에만 매달려 있지 않았던 것이 행복을 연 조건으로 작용한 것이다.

이렇게 개방성이란 우리의 기대에 완벽하게 부응하는 것들이 무엇인지 알아보는 능력이 아니라, 현재 일어나고 있는 것들이 무엇인지 알아보는 능력이다. 개방성은 **전혀**

예상하지 못했던 것, 놀라운 것을 받아들이는 능력 그 자체인 것이다.

그러고 보면 오늘날의 우리는 우리를 행복하게 만들어 줄 것들에 대해 착각을 하고 있는지도 모른다. 내 친구는 자기가 상상했던 이상적인 이성과 전혀 일치하지 않는 여자를 만났지만 행복을 찾았다. 과거의 그는 우리가 하나의 만남을 통해 우리의 기대와 욕망, 삶과 만물에 대한 생각까지 재정립할 수 있다는 사실을 잊고 있었던 것이다. 바로 이런 곳에, 인생에서의 개방적인 태도를 권하는 아름다운 초대장이 존재한다. 자신이 과거에 지녔던 기대가 잘못된 것일 수도 있다고 인식하는 일은 우리가 기대하지 않았던 것들에 마음을 열 수 있도록 자신을 설득하는 힘을 지닌다.

반면에 나의 특정한 욕망과 일치하지 않는 것들을 뒤로 밀쳐두는 완고한 태도는 이중적인 실수를 만들어낸다. 그런 태도는 우선 전략상의 실수를 불러일으키는데, 우리에게 주어진 특정한 기회들을 십중팔구 놓친다는 점이 그것이다. 또한 심리학적인 실수도 생겨나게 된다. 우리는 어쩌면 우리의 욕망에 대해 착각을 해서, 타인을 만나는 일에 마음의 문을 닫게 될지도 모른다. 그 타인이야말로 우리가 우리의 욕망에 대해 착각했다는 사실을 자각시켜 줄지도 모르는데 말이다.

사실 우리가 자신의 새로운 욕망을 발견하는 일은 특정한 행동, 그리고 타인과의 접촉을 통해 이루어진다고 할 수 있다. 그런데 나의 이런 생각은 어떤 학자들, 특히 라캉이 주장했던 개념과 상반되는 것이다. 라캉에게 있어서 욕망은 우리의 무의식과 우리의 가족적인 이력 속에 깊이 뿌리를 내린 채로, 우리의 마음 깊은 곳에 항상 머물러 있게 될 그 무엇이기 때문이다. 그의 이론에 따르면 욕망은 만남보다 항상 먼저 존재한다. 즉 우리는 행동보다 먼저 존재하는 하나의 열망을 충족시키기 위해 타인에게 다가간다. 그런데 라캉과 상반된 관점을 지닌 사르트르는 『존재와 무』에서, 그런 열망이 반드시 사람과 사람의 만남보다 먼저 존재하는 것은 아니라고 설명했다. 오히려 열망은 만남을 통해 생겨날 수도 있다는 게 그의 주장이다. 삶을 경험하는 것이 하나의 동기를 부여한다고 보기 때문이다.

또한 데카르트는 다소 금욕주의적인 어조로 이런 말을 남겼다. "세상의 질서를 바꾸느니 자신의 욕망을 바꾸라."

이 『방법 서설』의 저자가 생각하기에는 새로운 욕망을 발견하는 것이 중요한 게 아니라, 겸손한 자세를 취하며 비현실적인 욕망을 단념하고 우리가 바꿀 수 없는 것들을 받아들인다는 점이 중요했다. 그러나 자신의 전능함에 대한 환상을 갖고 있으며 자신의 한계를 인정할 수 없는 오만한 사람은 데카르트의 이 관점에 대해 다음과 같이 간단하게 대답할 것이다. "세상의 질서를 바꾸어야 하는 이유는 그 질서를 내 욕망에 맞추어 공고히 만들기 위해서이다."

물론 개방성의 철학을 옹호한다는 것은 자신의 전능함만을 믿는 망상과 거리가 멀다. 또한 그것은 무엇인가를 체념한 채 수용하는 태도와도 거리가 멀다. 개방성의 철학을 따르는 것은 고고한 자세의 꼭대기에서 능선을 따라 앞으로 나아가는 일이다.

사물의 질서가 불변하는 것이라고 여기는 사람은 더 이상 자신의 울타리에서 나가려고 하지 않을 것이다. 반면 자신의 욕망을 이 세계에 부과할 수 있다고 확신하며 행동을 하는 사람은 그만큼 자신에 대해서도 오해를 하고 있는 것이다. 그는 현실에서 일어나는 저항들을 가볍게 여기며, 자신의 욕망에 대해서도 스스로 착각할 수 있다는 점을 망각한다.

그러니 우선은 우리의 울타리에서 나가도록 노력해 보자. 그런 다음에는 우리 의지대로 현실을 조종할 수 있다는 헛된 희망으로 행동하지 말고, 있는 그대로의 현실 속에서 행동을 하자. 그 다음 이 말을 실험해 보는 것이다. "해보면 알게 될 거야." 그러면 우리는 이렇게 말하게 될 것이다. "나는 무엇이 가능한지 발견하고 있어. 나는 내가 정말로 원하는 것이 무엇인지 깨닫고 있어."

그런데 여기서 의문이 생긴다. 우리가 우리 자신의 욕망이 무엇인지 때때로 헷갈리고 있다면, 만남을 주선하는 웹사이트에 가입하면서 우리는 왜 자신이 원하는 이성의 기준을 제시하고 있는 것일까? 그렇게 하는 것이 잘못된 행동은 아닐까?

결론부터 말하자면, 우리가 그 기준에만 집착한 상태로, 우리의 기준과 다른 그 누군가에게 어떤 기회도 주지 않는다면 그것은 분명 잘못된 행동이다. 그런데 만약 우리가 그 기준들을 제시한 후에 다른 조건들에도 우리의 마음을 열 수 있다면 그것은 잘못된 행동이라 말할 수 없다. 여기서 다시 강조하자면 '어설픈 시작'처럼 보일 수도 있는 행동이 하나의 출발점이 될 수도 있다. 그러니 자기의 기준점을 제시하든 제시하지 않든지 간에, 먼저 행동을 개시하는 사람이 되자. 그 후에 일어날 일은 인생의 파도에 맡기면 된다. 대신 자신이 선호하는 기준을 가능한 한 넓게 만들어보자. 그러면 그 넓은 선택의 기준은 더 넓은 여지를 당신에게 제공해 줄 것이다.

우연과 멀어지려 하지 말 것

몇 년 전에 한 온라인소개팅 업체는 다음과 같은 카피를 제시하며 만남을 주선했다. "우연 없이 당신의 사랑을 찾아보세요!" 놀라울 정도로 야심 찬 계획이기는 하지만 여기에는 확실히 헛된 기만이 도사리고 있다. 사랑하는 사람을 만나기 위해서는 우연에서 멀어지려고 하기보다는, 우연을 믿고, 우연과 내기를 벌이고, 우연을 유도하고, 우연과 동맹관계를 맺는 편이 훨씬 더 낫기 때문이다. 우리가 문학을 통해 읽었던 모든 위대한 사랑 이야기들도 우리가 자신의 경험을 통해 확신하는 것들을 우리에게 보여주고 있다. 즉 누군가를 만나고 사랑에 빠지는 일은 우연을 통해 생겨난 하나의 놀라움을 드러내는 일인 것이다. 미리 예상한 논리와 자기 기준에 맞는 체계적인 검색을 통해 하나의 우연을 없애버리려고 하는 것은 확실히, 만남으로 가는 최선의 길이 아니다.

그러므로 우연을 사라지게 하지 말고 오히려 우연을 꽉 껴안고 우연과 내기를 벌여보자. 만남에 대한 우리의 기준을 좀 더 불확실하고 좀 더 너그럽게 내려놓게 된다면, 그리고 마음의 문을 활짝 열어놓는다면, 만남의 어플리케이션이 지닌 엉큼한 알고리즘의 그물을 피해갈 수 있다. 그렇게 된다면 운이란 것이, 자기가 특별히 선호하는 취향으로 자유롭게 프로그램 되어있는 그 공간 속으로 침투할 수 있게 된다.

시인 앙드레 브르통은 오늘날과 같은 디지털과 가상공간의 시대를 경험하지 못한 채 세상을 떠났다. 하지만 그의 대표작 중 하나인 『광적인 사랑』에서 가져온 이 인용문은 만남을 주선하는 앱의 가치를 발견하도록 해준다.

"나는 오늘날까지도 역시, 나의 단 하나뿐인 개방성만을 기다리고 있고, 만남을 이루기 위해 온 데를 다 떠돌아다니고자 하는 그런 갈증만을 기다리고 있다. 나는 그런 갈증이 나로 하여금, 타인과의 신비로운 의사소통을 이어 갈 수 있게 만들어줄 것이라고 확신한다. 우리는 마치 우리가 갑작스럽게 마주칠 수 있도록 소환이라도 된 것처럼 마주칠 것이다. 나는 내 삶에서 이런 만남이 이루어진 후에 보초병의 노래 같은 속삭임이 남기를, 즉 그저 지루한 기다림의 시간을 달래기 위해 부르는 노래와도 같은 속삭임이 남기를 원할 뿐이다. 앞으로 그 일이 일어나건 일어나지 않건, 가장 대단한 가치를 지니는 것은 바로 그 '기다림'이라고 할 수 있다."

하나의 만남을 향한 그 기다림은 육체적이면서도 현실적인 것이므로 어플리케이션이라는 수단도 여기에 이로운 작용을 할 수 있다. 우리의 호기심과 하나의 우연이 우리를 만남으로 이끌도록 내버려 둔다면, 우리는 하나의 거대한 가능성의 영역에 마음을 열게 될 것이다. 적어도 가상의 사이버 공간은 사회적이고 직업적인 쳇바퀴에서 우리를 끌어낼 수 있는 효력을 지니고 있다. 또한 그런 도구가 없었다면 우리가 결코 거기에 접근하지 않았을 새로운 공간들과 낯선 사람들을 향해 마음의 창문을 살짝 열 수 있게 만들어주는 효력도 지닌다. 우리는 그런 사이버 공간에 대해 다음과 같은 사실을 알아야만 할 것이다. 그것들은 우리로 하여금 우리의 전형적인 설계도와 사회문화적인 면에서의 진부한 표현방식으로부터 탈피하게 해준다. 그뿐 아니라 우리가 그동안 마주치지 못했거나 혹은 아예 그 만남을 생각해 본 적조차 없는 타인들을 향해 마음을 열게 해준다. 누군가의 환한 미소가 나로 하여금 '좋아요'를 누르게 만들 수도 있다. 바로 그런 것이 내 모습이다.

예를 들어 전형적인 도시 사람이자 집에 틀어박혀 있기를 좋아하는 나라는 사람이 어플리케이션을 통해, 1년 중 대부분의 시간을 바다에서 보내는 여자 항해사와 만날 수도 있다. 그녀는 예전 같으면 내가 전혀 관심도 갖지 않을 그런 여자이다. 그러나 그녀에 대해 아무것도 모르는 상태로, 일단 모든 것에 대해 중립적인 상태로 내가 이 만남을 향해 내 자신을 던지게 되었다고 가정해 보자. 그러면 우리는 우리가 결코 상상도 할 수 없었던 공통점들이나 공감할 만한 부분을 서로에게서 발견할지도 모른다. 이런 일은 길 한가운데에서 누군가에게 첫눈에 반하는 일보다 더 비현실적인 사건이 아니며, 그런 종류의 만남보다 덜 아름다운 만남도 아니다. 왜냐하면 우연이 우리의 운명에 관여하도록 가만히 내버려두는 것은 대개, 가장 아름다운 만남들을 기약하는 방법이기 때문이다.

게다가 최고의 우정을 나눈 특별한 만남들 한가운데에
는 항상 우연이 가져다 준 놀라움의 감정이 자리 잡고 있
는 것이다. 엘뤼아르는 피카소에게 헌정한 시집『풍요로운
시선』에서 자신의 그 친구에 대해 "그가 놀라움을 자아내
며 내 마음 속에 들어왔다"고 이야기했다. 그러므로 시인
엘뤼아르는 자신에게 다가온 것들-단어들, 생각들, 이미
지들, 감정들 등-을 적극적으로 수용하고, 자기가 기대하
지 않았던 것들에 대해서도 온전히 개방적인 자세를 취했
던 하나의 인간상이라고 정의내릴 수 있을 것이다.

왜냐하면 내가 모르기 때문에

아라공의 소설『아우렐리아누스』는 이렇게 시작된다. "솔
직히 고백하자면, 아우렐리아누스가 베레니스를 처음 보
았을 때 그는 그녀가 못생겼다고 생각했다. 어쨌든 두 사
람이 처음 만났을 때 그녀는 그의 마음에 들지 않았다. 그
는 그녀의 옷차림새도 못마땅하다고 생각했다. 자기라면
그런 종류의 옷감으로 만든 옷을 입지 않을 것 같았기 때

문이다. 그는 옷감에 대해 자기만의 고정관념을 갖고 있었다." 이 첫 구절을 보면 베레니스가 아우렐리아누스의 이상적인 기준에 맞지 않았다는 것을 바로 알 수 있다. 그는 심지어 "그녀가 못생겼다고 생각했다." 게다가 아우렐리아누스는 그녀에 대한 관심은 전혀 없이, 그저 자신이 "옷감에 대해 고정관념을 갖고 있다"는 것만 인식하고 있었다. 아라공은 조롱의 방식으로 이 문장을 썼다고 할 수 있다. 그럼에도 불구하고 그들의 만남은 이루어졌다. 그것은 아우렐리아누스가 자신이 기대하지 않았던 존재에 대해 마음을 여는 법을 터득했기 때문이다. 즉 그들이 현실에 대해 상상했던 모습보다 실제의 현실이 훨씬 더 강한 힘으로 그들을 사로잡았기 때문이다. 그들의 만남에는 아우렐리아누스가 '옷감'에 대해 갖고 있던, 또한 여성들과 사랑, 사회 등에 대해 갖고 있던 모든 '관념'을 사라지게 할 만한 위력이 있었다. 베레니스 역시, 그녀가 전혀 기대하지 않았던 모습의 남자와 만났다. 그녀도 자신이 사랑하게 될 남자의 모습을 그릴 때면 전혀 다른 유형의 남자를 상상했던 것이다. 그럼에도 불구하고 두 사람은 결국 만났다.

만남이란 이런 것이다. 즉 우리가 머릿속에 상상하는 모습들, 우리가 이 세계와 인간 존재들에 대해 품고 있던 선입관을 실제의 현실이 뒤흔들어 놓는 것이다. 그러므로 우리는 개방적이고 유연한 사람이 되기 위해 우리의 기대와 기준, 선입관을 좀 더 부드럽게 완화시킬 필요가 있다. 이세 가지는 마치 눈가리개처럼 우리가 지닌 시야의 영역을 축소시켜 버리고, 우리의 행복을 만들어줄지도 모르는 것들에 대한 생각을 방해한다. 우리는 우리를 옭아매는 갖가지 제약으로부터 벗어나 기존에 갖고 있던 신념과 확신에 대해 의문을 제기해야 한다.

내가 앞에서 이야기했던 내 친구는 과거에, 자기의 자녀와 비슷한 또래의 자녀를 갖고 있는 여성을 만나고 싶다는 희망을 갖고 있었다. 그런 식으로 가정을 꾸려야 행복을 찾을 수 있다고 믿고 있었기 때문이다. 그는 자신의 그런 생각에 확신을 갖고 있었고 더 이상 아이를 갖고 싶지 않다고 생각했다. 하지만 오늘날 그 친구는 자기가 과거에 왜 그런 생각을 고수했던 것인지 모르겠다고 이야기한다. 우리는 나쁜 경험이나 안이한 생각, 혹은 누군가에게 들은 왜곡된 풍문 등으로 인해, 우리의 의식 표면에 가라앉은 단순하고 성급한 판단들과 우리의 진정한 신념들을 자주 혼동하곤 한다. 하지만 그토록 불안정한 내 의견들의 실체를 밝혀낼 수 있는 것, 또 그것을 넘어 우리가 지닌 확신을 의심으로 바꾸어 다시 한번 생각해 볼 수 있는 용기, 바로 거기에 우리가 지닌 개방성의 비밀이 숨어있다.

지금까지 살펴본 바와 같이 개방성이라는 것은 고상한 의미에서 볼 때 일종의 회의주의적인 태도를 내포하고 있다. 고대 철학자들은 회의주의를 '무엇인가를 알지 못하는' 능력이라고 정의했다. 가령 자식을 낳기를 바라는 한 여자가 나를 행복하게 만들어줄 수 없다는 사실을 **내가 알고 있다면**, 나는 그녀와 이어나갈 수 있는 연애에 대해 마음을 열지 못할 것이다. 그러나 이와 반대로 내가 회의주의적인 사람이라면, 즉 그 여자가 내게 잘 맞는 사람인지 아닌지 **내가 모르고 있다면**, 나는 그녀를 만나러 가야만 할 것이다.

더욱이 '관찰자'를 뜻하는 그리스어 '스켑티코스skep-tikos'에서 파생한 프랑스어 '회의적인sceptique'이란 단어는 무엇인가를 의심하는 개념을 가리킨다기보다는, 어떤 판단을 보류한다는 개념을 가리킨다. 회의론의 시조들인 퓌론이나 섹스투스 엠피리쿠스 같은 철학자들이 조망한 이 실존론적인 명제는 매우 급진적이지만 매우 자유롭기도 하다.

이것을 다음과 같이 풀어서 설명할 수 있을 것이다. 나는 한 의견에 대해 반대쪽으로 아니면 옆쪽으로 기울 수도 있다는 것을 이해하고 있다. 그리고 나는 여러 주장들을 **관찰한 후에** 그것들의 모순과 애매한 부분을 밝혀낸다. 그러나 나는 **"제 판단을 보류하겠습니다"**라는 '식별불가능자의 동일성 원리(그 성질이 완전히 동일한 대상들은 서로 같다는 존재론적 원칙으로서 라이프니츠가 처음 주장했다. -역주)'에 의거해서 하나의 입장을 택하는 것을 거부하며 뒤로 물러난다. 나는 다음과 같은 선택지 중에서, 즉 자식을 갖고 싶어 하는 여성과, 더 이상 자식을 갖고 싶어 하지 않는 여성 중에 어느 쪽이 더 바람직한지 알지 못한다는 뜻이다. 그러므로 나는 결정을 내리는 일을 거부하며 두 여성 모두에게 마음이 열려있는 상태로 남게 되는 것이다.

하나의 예술 작품과 만난다는 것

우리가 한 폭의 그림, 한 편의 영화, 한 곡의 노래 등과 만나게 될 때 이 만남은 충격과 놀라움을 동시에 지닌다. 우리가 렘브란트의 자화상이라든가 모네의 인상주의적 풍경화, 로스코의 추상화를 보고는 감탄한 채 멈춰 선다면, 아마도 그 작품들에 대해 어렴풋이 기대했던 것과 다른 무엇인가를 마주쳤기 때문이다. 즉 우리가 그 그림들에 대해 미리 전해 들었던 것이 있었다고 할지라도, 또한 그 그림이 어떤 사조나 어떤 학파와 연결되어 있는지를 알고 있었다고 할지라도, 그 그림은 우리에게 모든 분류와 범주에서 벗어난 감동을 준다고 할 수 있다. 예술이란 우리가 그것에 대해 알고 있는 배경지식으로 단순화시킬 수 있는 것이 아니다. 예술은 우리를 놀라게 하는 방식으로 감동을 준다. 보들레르도 이런 말을 남겼다. "아름다운 것은 항상 기이한 것이다." 이런 기묘함을 향해 우리의 마음을 여는 것, 우리의 감정이 내는 소리에 귀를 기울이는 것, 우리가 지닌 지식의 한쪽으로 비켜서는 법을 아는 것, 바로 이런 것들이 '아름다움의 이유'가 된다. 우리에게 있어서 중요한 것은 논리적인 이성이라기보다는 우리 내면을 자극하는 아름다움이기 때문이다. 그 아름다움은 우리로 하여금 그 아름다움의 소리에 귀를 기울이게 만들고, 어떤 기준을 세우지 않고도 판단을 할 수 있도록 준비시켜 주며, 우리가 무엇인가를 신뢰할 수 있게 만들어준다. 이 대상은 '그렇기 때문에' 아름다운 것이 아니라, 모든 이성의 바깥에서, 모든 이성을 넘어서기 때문에 아름답다. 즉 이유를 갖고 있지 않기 때문에 아름다운 것이다.

여기서 다시 강조해야 할 것이 있다. 자신의 내면을 완전히 개방한다는 것은 확고한 생각을 갖지 않고 특정한 기준을 세우지도 않으며 결국 어떤 기대를 하지 않는다는 사실로 회귀한다는 것이다. 하나의 작품을 볼 때 중요한 것은 우리가 그 작품을 받아들일 준비가 된 상태에서, 그 작품의 **독창성을 통해** 그것과 마주하는 것이다. 만약 우리의 지식과 생각이 의미만을 철저히 고찰하는 버릇을 내려놓는다면, 만약 우리가 하나의 그림과 조각, 영화 속에서 그것과 관계된 객관적인 지식 이상의 것을 꿰뚫어볼 수만 있다면, 어떤 대상에 대한 우리의 지식과 생각은 더 이상 장애물로 작용하지 않을 것이다. 사실 어떤 안내서들은 이런 기능을 놀라울 정도로 잘 수행한다. 즉 그것들은 하나의 유화 작품에 담긴 신비로움을 파헤치는 기능을 하기보다는 그 신비로움에 대해 지적인 양분을 제공해 주고, 그 작품과의 만남을 유익하게 만들어줄 배경 설명을 제공해 준다. 다시 말해서 그런 안내서들은 우리가 지녔던 본래의 감수성을 깨어나게 한 후, 우리가 그것들을 자유롭게 이용할 수 있도록 하나의 길을 열어주는 역할을 한다.

그러나 가장 본질적인 것들은 안내서가 아닌 우리 자신에게 달려있다. 그런 의미에서 개방성은 그에 대해 책임감을 가질 수 있는 하나의 준비된 자세라고 할 수 있다. 만약 우리가 어떤 작품을 볼 때 그 작품이 작품 목록이나 미술사 책 속의 설명과 잘 들어맞는지 확인하려고 한다면, 또는 그 작품이 '그 명성에 걸맞게 훌륭한지' 밝히려고 한다면, 우리는 우리에게 미적인 즐거움을 제공해 줄 모든 기회들을 스스로 잘라내 버리는 것이다. 우리가 그런 방식의 감상을 한다면 관람을 마친 후 약간의 지적 교양을 갖춘 채 미술관을 나서기는 하겠지만, 우리가 진정으로 하나의 미술 작품을 만났다고는 말할 수 없다. 아니, 단 한 점의 그림도 만나지 못했다고 봐야 한다.

아마도 당신은 다음과 같은 경험을 한 적이 있을지도 모른다. 사람들은 대개, 미술관에서 어느 특정한 그림을 찾기로 계획하고는 그 작품이 걸려있는 위치를 잘 파악해 두곤 한다. 그런데 막상 미술관에 가게 되면, 목표로 했던 그 작품을 찾기도 전에 어떤 다른 그림 한 점이 우리의 발걸음을 멈추게 한다. 하지만 그 그림은 우리가 작품의 배경지식을 전혀 모르는 그런 작품이다. 진정한 만남은 우연히 내 앞에 솟아올라 마주치게 된 이 한 점의 그림처럼 이루어지게 마련이다. 엘뤼아르가 피카소에 대해 이야기할 때 사용했던 표현을 인용하자면, 미술 작품 역시 "마음속에 놀라움을 만들어내며" 우리 안에 들어오는 것이다. 한 작품에 내포된 기묘한 아름다움이 우리를 갑작스럽게 매혹시키며, 그 아름다움은 '이성'이라는 단일한 간접수단만으로는 설명할 수도 정의할 수도 없다. 그 아름다움은 단지 우리를 *자극하기* 때문이다.

하지만 우리가 미술관 내부 안내도만 뚫어져라 쳐다보면서 걷는다면, 또한 우리가 관람을 목표로 했던 작품들만 집중적으로 찾아본다면, 그리고 우리의 정신적인 네비게이션에만 접속을 하고 있다면 우리는 그 아름다움을 찾아낼 수 없을 것이다. 우리는 단지 가볍게 산책을 하는 동안에, 그리고 우연히 친구를 만들면서, 우리가 예상하지 못했던 것들을 갑작스럽게 맞이하기 때문이다.

크리스티앙 보뱅은 자신의 저서 『피에르』에서 이런 말

을 했다. "나는 그림에 대해 아랑곳하지 않는다. 나는 음악에 대해 아랑곳하지 않는다. 나는 시에 대해 아랑곳하지 않는다. 나는 하나의 장르에 속하는 모든 것들에 대해, 그런 형식적인 분류로 인해 점점 더 시들고 퇴색해가는 모든 것들에 대해서 아랑곳하지 않는다. 내가 찾고 있는 것들이 무엇인지 알아내기 위해서는 60년이 넘는 세월이 내게 필요할 것이다. 즉 글을 쓰고, 글을 읽고, 사랑에 빠지고, 아름다운 메꽃 앞이나 조그만 돌멩이 앞에서 아니면 노을 지는 풍경 앞에서 돌연 멈춰서는 그 소중한 시간들 말이다. 나는 하나의 존재가 갑자기 내 앞에 출몰하기만을 기다리고 있고, 정의 내리고 규정지어야 할 모든 것들을 무너뜨릴 만큼 거대한 현실의 과잉을 기다리고 있다."

내가 사랑에 빠지게 된 바로 그 사람, 작은 숲속에서 나왔을 때 나를 감탄하게 했던 그 황금빛 석양, 어슬렁거리다가 우연히 발견한 그 미술 작품 등등 그 모든 것들이 그것들의 '존재'로서 갑작스레 내 앞에 '솟아오른다.' 우리가 함부로 내린 정의들을 모두 헛되게 만들어버리는 그 소중한 존재 자체로서 말이다. 이를테면 내가 모네의 이 유화 속에 나타난 빛에 이미 매료되었는데, 인상주의 화풍의 빛

이 뭐가 중요하겠는가? 내가 이렇게 아름다운 노을을 마주하고 있는 마당에 색채 물리학에 대해 아는 것이 뭐가 중요하겠는가? 또한 내가 방금 너를 만나고 왔는데, 너는 숨 막히게 아름답고 유일무이한 존재인데, 사랑이나 우정에 대해 정의를 내리는 것이 뭐가 중요하겠는가? 보뱅이 했던 말, "한 존재의 갑작스러운 출몰, 정의 내리고 규정지어야 할 모든 것들을 무너뜨릴 만큼 거대한 현실의 과잉", 바로 이것이 인간의 만남을 떠올리게 하는 아름다운 방식이다. 우리가 더 많은 것들을 기대할수록, 그리고 우리가 미래를 향해 몸을 더 많이 돌릴수록 우리는 그렇게 출몰하는 존재의 옆을 그냥 스쳐 지나갈 위험성이 높아진다. 하지만 그와 반대로 우리의 기대가 덜 구체적일수록, 만남이 전해주는 것들에 대해 더 집중할 수 있게 된다. 현재에 주의를 기울이지 않는 진정한 개방성은 존재하지 않는다.

주의력 vs 집중력

잠시 내 개인적인 이야기를 해보자. 1990년 어느 가을 아침이었다. 나는 창문 밖으로 밤나무의 나뭇잎들이 젖어있는 풍경을 바라보고 있었다. 거의 형광색처럼 보이는 푸른 나뭇잎 색깔이 비에 젖어 더 반짝거렸다. 그때 철학 선생님께서는 한창 말씀을 하고 계셨고 나는 가만히 그것을 들었다. 어찌 보면 내가 그를 바라보는 것 이상으로, 정신을 집중해서 귀를 기울이고 있었다.

그는 우리에게 헤겔이 말하는 사랑에 대한 이야기, 본래적 의미에서의 **집중하지 않는** 사랑에 대한 이야기를 들려주고 있었다. 사실 그 당시의 나는 사랑에 대해 큰 관심이 없었지만, 그가 우리에게 들려주고 있는 이야기와 더불어 그가 이야기를 풀어가는 방식에 큰 흥미를 느꼈다. 게다가 나는 빗줄기가 유리창을 때리는 풍경에 마음을 빼앗겼고, 강의실 안에 있는 친구들을 관찰하는 일에도 몰두하고 있었다. 강의를 열정적으로 듣고 있는 남학생들과 여학생들이 눈에 들어왔고 한쪽에는 무척 지루해 보이는 친구들도 있었다. 나는 그 시간 속에서 '완전히 존재하는' 중이었다.

여기서 중요한 것은 하나의 구체적인 목표를 향하고 있는 집약적인 주의력이 아니라, 넓은 의미에서의 열려있는 주의력, 즉 평범한 상태로 깨어있는 주의력이다. 바로 거기서 진정한 개방성이 표현될 수 있기 때문이다. 선생님의 말씀을 들으면서 내가 아주 특별한 집중력을 발휘한 것은 아니지만, 바로 그 이유로 나의 생각은 하나에 매여있지 않고 자유롭게 떠다녔다. 나는 어쩌면 나중에 선생님과 같은 직업을 갖게 될지 모른다. 나는 이 강의가 나중에 대입자격시험에서 좋은 점수를 받게 해줄 것이라고 기대하지도 않으며, 이 강의가 내게 사랑의 진실을 밝혀줄 것이라고 기대하지도 않는다. 모든 기대들로부터 자유로운 상태인 나는 오로지 나에게 다가오는 이 명제에만 마음을 열고 있었다. "나는 완전히 개방적이다."

그 후로 30년 가까운 세월이 흘러서야 나는 내 직업적인 소명이 탄생했던 순간이 바로 그 가을 아침, 고등학교에서의 수업 시간이었다고 자각할 수 있었다. 나는 그 현재의 순간이 거기 그저 머물기만을 바랐으며, 그 현재의 순간을 있는 그대로 받아들이고 있었다. 바로 그런 이유로 현재가 미래를 열어준 것이다. 그날 이후로 나는 철학책들을 일상적으로 읽게 되었고, 어려운 일을 겪을 때마다 망설이지 않고 플라톤이나 헤겔의 책들을 참고하며 숙고의 시간을 보냈다. 그러다가 그런 생활 규범이 내 직업으로 둔갑한 것이다. 이와 같이 우리가 개방적인 마음을 가

질 때, 현재라는 시간은 종종 우리에게 선물 같은 미래를
제공해 준다.

시간은 우리가 무엇인가에 주의를 집중하고 있을 때 평
소와 다르게 흘러간다. 그럴 때의 시간은 더 이상 시곗바
늘이 가리키는 그 시간이 아니다. 순수한 경탄의 감정에
매달려 있는 순간에는 '일시 중지 상태'에 놓이고, 흥분의
단계에 들어선 순간에는 엄청나게 빠르게 흘러갈 수도 있
다. 가령 우리는 친구와 1시간째 수다를 떨며 함께 있다가
시계를 볼 때 깜짝 놀라곤 한다. 마치 10분 정도만 지난
것 같은 느낌을 받기 때문이다. 이런 식으로 우리가 시간
을 멈출 수 있거나 시간을 빨리 흘러가게 만들 수 있다는
것, 그리고 우리가 시간을 온전히 누릴 수 있는 상황 속에
존재한다는 것은 우리가 시계 속 시간으로부터 빠져나온
다는 의미로 귀결된다. 즉 그 시간은 베르그송이 '지속'이
라고 이름 붙였던 시간, 인간이 주관적으로 체험했던 시
간을 의미한다.

만남 역시, 바로 그런 가변성을 필요로 한다. 자신의 시
간을 여유 있게 쓰는 것, 시간을 잘 투자하는 것, 자신에게

절대적인 권력을 행사하는 업무들로부터 벗어나는 것, 일을 신속하게 처리해야 한다는 압박감으로부터 벗어나는 자세 등이 필요한 것이다. 우리가 대개, 시간의 여유를 지닌 자세로 오랫동안 이어질 단단한 우정을 꽃피우는 시기는 청소년기이다. 성인이 되면 우리는 '활동적인 삶' 속으로 파묻히게 되고 가정생활이 주는 구속감에 묶여서 외부에 대한 개방성을 덜 갖게 된다. 말하자면 더 이상 '낭비할' 시간이 없어지는 것이다. 성인이 되면 다음과 같은 생각에 빠지곤 한다. 나는 당신을 만나는 일에 돈이 많이 든다는 것을 알고 있다. 당신과 시시콜콜한 것까지 이야기하고, 같이 산책을 하고, 만남의 시간을 질질 '끌면서' 여유로운 시간을 보내려면 나의 소중한 시간을 따로 내야 한다. 이와 같이 우리는 누군가를 만나는 일에 점점 더 압박감을 느끼고 있다. 따라서 우리는 시간을 천천히 활용하는 방법부터 잘 터득해야 한다. 이제 시간이 하나의 가치가 되었기 때문이다.

우리는 주변 사람들에게 우리 자신이 사회적이고 직업적으로 성공한 사람이라는 인상을 주기 위해, 또한 우리가 업무로 꽉 찬 인생을 살고 있다는 느낌을 주기 위해 다이어리 속 일정을 과도하게 채우는 경향이 있다. 오늘날 일정이 엄청나게 많다는 것은 부유함의 외적인 상징이 되기도 한다. 그와 반대로 시간을 한가하고 게으르게 쓰는 것처럼 보이는 사람을 향해서는 낙오자를 보는 듯한 시선으로 쳐다보기까지 한다. 하지만 우리는 그렇게 바쁜 일정을 만드는 습관 때문에 우리의 개방성이 지닌 가능성 그 자체를 무너지게 만든다. 만약 현재 누리고 있는 이 '잠깐 동안의 여유 시간'도 몇 주 전에 용케 마련해 둔 것이라면 어떻게 현재에 온전히 주의를 기울일 수 있겠는가? 내 다이어리에 더 이상 '이용 가능한 시간'이 없는데 어떻게 내가 당신을 만날 수 있겠는가?

미국의 학자인 대니얼 사이먼스와 크리스토퍼 차브리스가 1999년에 실행했던 어느 심리학 실험은 과도한 정신의 집중이 실제로 주의력을 발휘하는 데 방해가 된다는 것을 증명했다. 실험 내용은 이렇다. 농구 선수들이 패스를 하고 있었는데 어떤 선수들은 검은 옷을, 또 다른 선수들은 흰 옷을 입고 있었다. 그리고 이것을 지켜보는 관중들에게, 흰 옷을 입은 선수들이 패스를 몇 번 하는지 세어 보라는 요청이 주어졌다. 몇 분 후에 고릴라로 변장을 한 사람이 경기장을 가로질러 지나가면서 관중들 쪽을 향해 경례를 했지만, 결과적으로 실험 참가자들의 약 50%가 그 존재를 알아차리지 못했다. 이 실험은 다음과 같은 사실을 증명한다. 우리의 주의력이 특정한 것에 과도하게 쏠려있을 때, 또한 우리가 업무나 하나의 목적에 집중하고 있을 때 우리는 눈앞에서 일어나는 사건의 일부를 아예 못 보는 상태가 된다는 것이다. 실험 참가자들의 그 50%는 자기들이 예상하지 못했던 일이자 하나의 놀라운 사건인 고릴라의 등장을 볼 수 없었다. 그렇지만 이 실험에 대한 질문지를 받은 남자들과 여자들의 90%는 자기들이 그 실험에 참가한다면 고릴라를 알아볼 것이라고 확신했다고 한다.

이것은 사람들이 대개 자신의 주의력이 얼마나 약한지 모르고 있다는 사실을 증명한다. 사이먼스와 차브리스는 거대한 원숭이가 지나가는 것을 보지 못했던 그 50%의 참가자들에 대해 '부주의의 실명'이라는 명칭을 붙였다. 자기가 예상하지 못했던 일에 대해서 '장님'이 되는 이 비율을 보면서, 우리는 예전에 놓쳐버린 모든 약속들을, 그리고 코앞에서 달아나 버린 모든 기회들을 고통스럽게 떠올리게 된다. 어쩌면 그 모든 만남들은 단지, 우리의 주의력이 한곳에 너무 쏠려있었기 때문에, 또한 우리의 정신을 활짝 열어놓는 것을 주의력이 방해했기 때문에 이루어지지 않았을지 모른다.

　게다가 오늘날 우리가 살고 있는 이 시대는 과거보다
훨씬 더 우리의 주의력을 자극하고 있다. 새로운 정보의
산물들과 '좋아요'를 눌러야 하는 수많은 게시물들, 스마
트폰에서 계속 떠오르는 '알림'들이 끊임없이 우리의 주
의를 끌고 있는 마당에, 우리가 어떻게 우리 주변에 대한
개방적인 태도를 지닐 수 있겠는가? 또한 내가 스마트폰
에만 시선을 고정한 채 손가락으로 최신 정보를 훑어내려
가고 있는 와중에, 어떻게 현재의 내가 느끼는 것과 타인
의 존재에 대해, 이 생생한 현실에 대해 주의를 기울일 수
있겠는가?
　여기서 다시 얘기하자면 하나의 기술이 지니는 용도는
중립적이지 않다. 현대의 첨단기술은 셀 수 없이 많은 정
보들과 광고의 폭격을 맞은 우리를 수동적인 구경꾼의 위
치에 머물게 할 뿐 아니라, 자기 눈앞의 이미지와 현상에
대해 반쯤 조롱하고 반쯤 부러워하다가 곧이어 싫증을 느
껴 무관심해지는 수동적인 유형의 사람을 만든다. 그런 정
신의 상태는 확실히, 누군가를 만나기 위해 가장 적합한
상태가 아니다. 그런데 그렇게 어깨를 움츠리고 두 눈을

스마트폰에 고정한 채 바쁜 듯 길을 걷는 일이 우리 모두에게 일어나고 말았다. 바로 그 광경이 우리 시대의 병적인 모습을 축소해서 보여준다고 할 수 있다. 우리가 자신의 주변을 더 이상 바라보지 않게 되었는데 어떻게 하나의 만남에 대해 개방적인 자세를 취할 수 있겠는가?

어떤 선생님들은 학생들을 야단칠 때 그들의 주의력이 부족하다거나 집중력이 부족한 것에 대해 질책하며, 그 두 가지 단어의 뜻을 뒤섞어버리는 경향이 있다. 하지만 이는 '주의력'의 의미를, '한곳에만 의식을 집중하는 능력'이란 뜻으로만 축소시켜 버린 것이다. 그것은 단지 '집중력'일 뿐이다. 그들은 사이먼스와 차브리스가 '분산된 주의력'이라고 이름 붙였던 그 주의력, 동시에 여러 가지 것들에 주의를 기울이면서 우리의 주의력을 '분산시키는', 그러면서도 현재의 시간에 머무는 그 방식을 모르는 것이다.

철학자 시몬 베유는 자신의 저서 『중력과 은총』에서 이렇게 말했다. "학생들에게 주의력을 만들어줘야 한다." 그런데 집중력은 개인적인 성과에 머무는 반면에 주의력은 오히려 자신에 대한 망각을 의미한다. 시몬 베유는 다음과 같이 말을 이어 나갔다. "절대적으로 순수하게 주의를 기울이는 형태는 바로 '기도'이다. […] 그런 상태에서는 굳이 어떤 것도 찾으려고 하지 않고 그저 모든 것을 받아들일 준비가 되어있는데, 이것이 바로 은총의 이동이라고 할 수 있다." 여기서 언급된 '은총'이라는 것이 종교적인 순리에 따르는 것이라고 가정할 때, 시몬 베유는 순수하게 주의를 기울이는 그 행동이 우리의 이웃뿐 아니라 신의 영역과도 관계가 있다는 점을 분명히 밝히고 있다. 즉 그 행동은 우리가 무엇인가를 실제로 만나기 위해 찾아 헤매지 않고 그저 가만히 그것을 기다리는 데에, 또 너무나 거추장스러운 '자아'도 뿌리쳐 버리는 데에 그 의미가 있다.

'은총'이란 것은 그야말로 '갑자기 하늘에서 뚝 떨어진' 그런 만남이라고 할 수 있다. 그래서 이런 은총에는 인간 존재와의 만남이나 신과의 만남이 모두 관여한다. 시몬 베유 자신도 은총을 맞이하는 경험을 했다. 그녀는 영국의 시인 조지 허버트의 「사랑」이라는 시를 읽었을 때, 그리스도라는 존재가 자신을 향해 다가오는 것을 느꼈다고 말했다. 시몬 베유는 우아한 비평의 어조로, 강한 의지가 담긴 자기의 주장을 이렇게 요약했다. "우리는 세상에서 가장 귀중한 진실들을 일부러 찾아 헤매지 말고 그것을 기다릴 줄 알아야 한다. 그렇지 않다면 우리는 거짓된 것만을 찾아낼 것이다." 그녀가 말하는 '기다림'은 이 단어 자체의 정확한 의미가 지칭하는 그런 수동적인 '기다림'이 아니라, 그것 자체로 충만하고 사방에 개방되어 있고 사람들에게 공유되며 생생한 생명력이 있는 그런 주의력을 발휘하는 것을 의미한다.

다시 이 이야기의 처음으로 돌아가서, 나는 무려 30년 전에 철학 선생님께서 사용하셨던 용어들을 아직도 기억하고 있다. 그날 아침, 창문 밖에 보이던 밤나무의 나뭇잎 색깔을 아직 기억하고 있는 것처럼 말이다. 나는 그날 세브랭이라는 이름의 친구가 무척 교과서적인 질문을 선생님께 드렸던 것조차 기억하고 있는데, 그 친구는 '바네사'라는 브랜드 이름이 새겨진 빛바랜 청바지를 입고 있었다. 그의 그런 모습과 그가 했던 말들은 내 기억 속에 강하게 각인되어 있다. 왜냐하면 그 가을날 아침에 나는 무엇인가에 완벽하게 집중하지 않았고 외부 세계에 대해 완전히 마음을 열었기 때문이다. 즉 시몬 베유가 말했던 '대상이 없는 주의력'을 발휘하고 있었던 것이다. 또 하나의 이유는 그런 주의력을 발휘할 여지가 나의 내면에 있었기 때문이고, 그 주의력에 수반되는 모든 감정들이 들어설 만한 공간이 나에게 있었기 때문이다. 그렇지만 내가 만약 그날 강한 의지를 품고 몰입하는 자세로 하나의 목표에만 기울어져 있었다면 나는 그 기억들을 위한 공간을 만들어내지 못했을 것이며, 그 기억들은 내 머릿속에서 그렇게 지속적으로 남아있지 못했을 것이다. 이와 같이 만남에 대해 개방적인 자세를 취한다는 것은 그 만남에 하나의 공간을 열어주는 것이고, 그 만남에 자기의 시간을 어느 정도 할애하는 것이다.

가면을 벗을 것

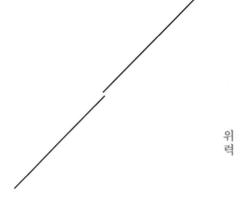

취약성이 지닌
위력

나와 한 친구는 수년 동안 상대방에 대해 크게 신경 쓰지 않은 채 서로를 스쳐 지나가기만 했다. 우리는 같은 고등학교를 다녔고, 두 사람 모두 알고 있는 공동의 친구가 있었으며, 오래 전부터 직업적으로 우호적인 관계를 유지해왔다. 그러던 어느 날, 우리는 갑작스럽게 친구가 되었다. 무슨 일이 일어났던 것일까? 대체 무엇이 변화를 가져온 것이며 무엇이 이 만남을 가능하게 만들었을까?

약한 나를 드러내다

이 만남에 내포된 수수께끼 중의 하나는 이것이다. 서로가 수개월간 보지 못했을 뿐 아니라 수년째 약속을 잡지도 못했던 와중이었지만, 어떤 특정한 순간에 만남이 이루어졌다는 점이다. 그런데 왜 지금일까? 왜 이 특정한 순간에 만남이 성사된 것일까?

이 질문에 대해 나올 수 있는 해석들 중 하나는 다음과 같다. 두 사람 중에서 하나가, 아니 어쩌면 두 사람 모두 자기에게 있어 '최고의 모습'을 내던졌기 때문이다. 즉 일종의 명함처럼 제시되는 사회적인 얼굴을 버리고, 더 인간적이고 진실하며 연약함까지 지닌, 덜 매끈거리는 본래의 모습을 서로에게 보여주었기 때문이다.

각자가 자기의 이미지에 집착하며 자신을 드러내는 것을 거부할 때, 두 사람 사이의 교감이나 공유는 이루어지기 어렵다. 그러나 이와 반대로 우리가 자신이 지닌 두려움이나 의심을 있는 그대로 받아들이면서 타인에게 그것을 용기 있게 털어놓을 때, 미리 모든 일들을 예상하는 행동을 멈출 때, 또한 말 한마디 한마디가 상대에게 어떻게 받아들여질지 자문하는 일을 멈출 때, 어떤 거대한 공간이 열리며 하나의 소중한 만남도 이루어질 수 있다.

'사람'이나 '인격', '개성' 등을 의미하는 프랑스어 '페르손personne'은 라틴어 '페르소나persŏna'에서 유래했다. 이 말은 원래 연극의 가면을 가리키는 말이었다. 이 어원에 따르면 하나의 인간으로 존재한다는 것은 자신의 고유한 주관성을 타고난 유일무이한 개인이 된다는 것을 의미하기보다는, 사회라는 무대 위에서 **자신의 역할을 수행하면서** 자신의 사회적인 이미지에 부응하는 것을 의미한다.

그러나 만남의 가능성을 방해하는 것이 바로 이 부분이다. 만약에 그들 각자가 자기의 영역에만 주의를 세심하게 기울이고 '자기의 역할을 수행하는 일'에만 전념한다면, 큰 놀라움을 경험할 여지나 타인에 대한 공감을 느낄 여유도 없어질 것이다. 하지만 가면(페르소나)이 벗겨질 때 하나의 진정한 인격이 참 모습을 드러낸다. 우리가 스스로 약한 사람이라는 것을 드러낼 때, 혹은 자기의 감수성을 숨기려는 행동을 멈출 때, 비로소 우리는 타인이 우리에게 닿을 수 있는 길을 내어주게 되는 것이다. 그렇게 될 때 우리도 타인의 흥미와 연민을 불러일으키는 사람으로 변화한다. 결국 타인들과 결합하기 위해서는 사회적인 틀로부터 벗어나는 용기가 필요하다.

철학자 아도르노는 자신의 저서 『최소한의 도덕』에서 이런 말을 했다. "당신은 힘겨루기의 상황을 유도하지 않고 오히려 당신 자신이 약하다는 것을 드러낼 때에만 타인으로부터 사랑받을 수 있다." 실제로 우리는 자신의 영향력을 과시하지 않고 오히려 공감을 표현함으로써, 즉 우리의 취약성을 드러냄으로써, 타인에게 기회를 마련해 줄 수 있다. 그렇게 될 때 그는 우리의 진정한 친구가 될 수 있는 것이다.

베네딕토 16세 교황과 미래의 프란치스코 교황

페르난도 메이렐레스 감독이 연출한 영화 〈두 교황〉은 우리가 타인에게로 향하기 위해서, 자신을 드러내는 것이 얼마나 중요한지 실감하게 하는 아름다운 예시이다. 영화에서 베네딕토 16세 교황 역할은 안소니 홉킨스가 맡았고 미래의 프란치스코 교황인 호르헤 마리오 베르골리오 역할은 조나단 프라이스가 맡았다. 이 영화는 모든 면에서 상충하는 것처럼 보이는 두 사람 사이에 어떻게 우정이 피어나는지를 잘 보여준다.

베네딕토 16세는 박식한 부르주아이자 권력가이며 보수적인 사람이다. 그는 교황이라는 직책을, 기독교의 교리를 수호하는 사람으로 즉 '성당의 수호신'으로 인식하고 있다. 그에게 신부들의 금욕 생활이나 동성애에 관한 주제를 슬쩍 꺼내기만 해도 그는 공인으로서의 자세를 고수하는 것 외에 다른 반응을 보이지 않는다. 한편 호르헤 베르골리오는 단순한 사고방식을 지닌 사람이고 농구와 축구를 좋아하는 스포츠 애호가이며, 신부가 되기 전에는 전혀 다른 종류의 직업에 종사했던 사람이다. 그는 기본적으로 권력에 대해 의심을 품고 있고, 성 프란치스코 아시시의 신봉자로서 그리스도가 몸소 보여주었던 그 겸손함이 없이는 신앙도 존재하지 않는다고 믿는다.

실화를 기반으로 만들어진 이 영화의 초반부터 우리는 두 사람의 대립을 목격하게 된다. 베르골리오는 교황의 방침과 의견 일치를 볼 수 없어서 자기의 임무를 계속 수행하는 것이 힘들다 여겼고, 이에 부에노스 아이레스의 주교

직을 사임하고자 한다. 하지만 베네딕토 16세는 거부 의
사를 밝힌다.

두 사람의 그런 대립은 억눌린 폭력성으로 가득 차있다.
이것은 교황 정치에 대한 두 가지 시각이 서로 맞서는 것
만이 아니라, 기독교 신앙 그 자체에 대한 두 가지의 시각
이 대립한다는 것을 의미했다. 베르골리오는 그리스도의
말씀으로부터 멀어졌을 뿐 아니라 오늘날의 시대적인 흐
름에도 뒤쳐져 있는 가톨릭교회를 개혁하고 싶어 했다. 이
와 반대로 베네딕토 16세는 하나의 체제란 역사의 소용
돌이 한복판에서도 동요하지 않고 예전과 똑같이 남아있
어야만 본래의 역할을 온전히 수행할 수 있다고 믿고 있
었다. 그는 본질적으로, 하나의 '체제'를 식물에 비유할 때
그 식물이 바르게 자라날 수 있도록 '버팀목'의 역할을 하
는 자가 있어야 하는 법이라고 확신했다. 그리고 그 '버팀
목'은 그 자리에 단단히 고정되어 식물을 떠받쳐 주는 역
할을 해야 한다고 보았다.

그러다 몇몇 신부들이 아동 성추행으로 사회적인 물의
를 일으킨 사건이 벌어졌다. 베네딕토 16세는 과단성 있
게 용서를 구하는 입장을 취했다. 용서를 구하는 모든 말

들이 그렇듯 그것은 교황으로서도 무척 힘든 일이었다. 그러나 호르헤 베르골리오는 베네딕토 16세의 그 대처에 대해 냉담한 태도로 반박했다. "우리가 미래의 잠재적인 희생자들을 충분히 보호해 주지도 못하면서, 용서를 구한다는 식의 발언을 하는 것은 차마 들어줄 수 없을 정도로 형편없는 대응입니다." 베르골리오는 교황의 침묵을 비난했고, 자신에게 뻔히 보이는 것들, 즉 죄를 지은 신부들에게 면죄부를 주고 암묵적으로 묵계하는 행동의 부당함을 그가 알아차리기를 바랐다.

이와 같이 그 두 사람은 그들 각자가, 자신이 만나기를 기대하는 인간형의 정확히 맞은편에 있었기 때문에 진정한 만남을 쉽게 이룰 수 없었다. 베르골리오는 계속해서 베네딕토 16세가 자기의 사임을 받아들이게 하려고 애썼지만, 베네딕토 16세는 그의 사임을 철저하게 거부함으로써, 권력을 쥐고 있는 사람이 바로 자신이라는 사실을 그에게 상기시켰다.

그렇게 논쟁을 벌인 두 사람이 몇 시간 후에 다시 만났을 때 드디어 변화가 찾아왔다. 베네딕토 16세 교황이 자신의 가면을 벗어던진 것이다. 음악 애호가이자 피아노 연주를 즐기는 베네딕토 16세는 베르골리오에게 피아노를 한 곡 연주해 달라고 권유한다. 그렇게 해서 합리주의적인 신학자가 감수성 풍부한 연주자에게 자리를 내어주었다. 그런 다음 그는 베르골리오에게 자기가 평생 외로운 삶을 살았지만 지금처럼 외로움을 느낀 적이 한 번도 없었노라고 고백했다. 그의 말투가 달라졌지만 그가 표현하려고 애쓰는 것이 무엇인지는 여전히 알쏭달쏭했다. 베르골리오는 불안감을 느꼈다. 그는 교황에게 자기의 사임을 촉구하는 편지에 서명해 줄 것을 다시 요청했다. 그런데 베네딕토 16세가 별안간 그에게로 몸을 돌리더니 잠시 침묵하고 나서, 자기가 이제 더 이상 신의 목소리를 들을 수 없다고 고백했다. 베르골리오는 베네딕토 16세를 바라보았다. 항상 자신감으로 가득 차있으며 권력의 꼭대기에 도달한 이 사람이 방금 자신에게, 세상에서 가장 믿기 힘든 비밀 이야기를 털어놓은 것이다.

그는 이제 신을 믿고 있지 않았다. 아니, 적어도 그의 신앙심이 흔들리고 있었다. 그런 사람이 어떻게 수백만 명의 신자들을 인도하는 사제로 남을 수 있겠는가? 베네딕토 16세는 신앙심으로 충만한 베르골리오를 대하면서 자기 신앙심 위에 얹힌 그 어둠을 알아보았다. 그는 베르골리오에게 자신은 이제 자신의 일을 포기하고 싶다고 말했다. 자신도 사임하고 싶다는 것이다. 교황권의 전 역사를 통틀어 성부(로마 교황의 존칭. -역주)가 사임했던 일은 오직 단 한 번 일어났을 뿐이다. 베르골리오는 망연자실했다. 베네딕토 16세가 평소에 지녔던 관점에 비추어 보면, 그의 그런 인간적인 연약함은 사임의 동기가 될 수 없을 것 같았다. 오히려 반대의 상황이 벌어져야 했다. 즉 그 연약함은 베네딕토 16세를 신에게 더 다가가게 만들 수도 있었다는 뜻이다. 만약 그렇게 되면 신은 그의 오만함을 치유해 주고 그에게 새로이 마음을 열어주었을지도 모른다. 베르골리오는 베네딕토 16세에게 이런 말을 건넸다. "신의 은총을 끌어들이는 것이 바로 우리의 나약함입니다. 우리가 신에게 우리의 나약함을 보여주면 신은 우리에게 힘을 내려줄 것입니다."

베르골리오는 자신의 시선을 베네딕토 16세의 모습에 고정시킬 수밖에 없었다. 마치 처음으로 그를 보고 있는 것만 같았다. 하지만 놀라운 일은 거기서 멈추지 않았다. 교황이 놀라운 말을 다시 이어나갔기 때문이다. 그는 자기가 사임할 수도 있으며 자기의 뒤를 이을 사람을 찾았다고 말했다. 그 사람은 진정으로 가톨릭교회에 필요한 사람이며, 교회와 신도들을 조화롭게 이을 수 있는 능력을 갖추고 있다고 했다. 또한 그는 예전에 최악의 유형이라고 판단했었던 그 미래의 계승자가 이제 자기의 맞은편에 있다는 것을 깨달았다고 덧붙였다.

베네딕토 16세가 먼저 자신의 가면을 벗었기에 베르골리오 역시 가면을 벗었다. "저는 그렇게 할 수 없습니다." 고통스럽게 떨리는 그의 목소리가 반복적으로 들려왔다. 베르골리오는 몇 년 전 자신이 아르헨티나에서 예수회 수도사로 재직하던 당시의 일을 고백했다. 그곳은 군사정권이 득세한 후 1976년부터 1983년까지 7년간 독재정치가 이어졌던 곳이다. 수많은 신부들, 그중에서도 '노동 사제'라고 불리는 신부들은, 설교의 내용까지 통제할 뿐 아니라 '저항 세력'이 지원하는 특정한 교회들을 폐쇄했던 그 불법적인 권력에 맞서 싸우기 위해 레지스탕스 운동에 가담했다. 그러나 베르골리오는 저항군의 편에 서지 않았다. 그는 군사정권으로부터 위협을 받는 사람들이 아르헨티나 밖으로 도망칠 수 있도록 도움을 주기도 하고 신부들을 숨겨주기도 했지만, 그 와중에도 독재 정권과 계속 대화를 이어나가려고 노력했다. 그는 최적의 기회를 기다리고 더 많은 생명을 구하기 위해, 또한 대립하는 두 세력 간에 화해를 이끌어내기 위해 그런 행동을 했던 것이지만, 그가 협상을 하려고 노력하는 동안 독재 정권은 교회의 신도들 수백 명을 암살한 계획을 세우고 있었다. 그렇게 해서 그가 구하고자 했던 수많은 사람들이 죽음을 맞이했다.

베르골리오의 이야기는 거기서 멈추지 않았다. 그는 젊은 시절 사랑하는 여인이 있었는데, 성직 생활에 몸담기위해 그 사랑을 포기했다는 고백이었다. 그리고 그 여인에게 자신의 고통스러운 선택에 대해 알린 그날 이후로 그녀를 다시 보지 않았다고 했다. 그래서 베르골리오는 신앙이 자신에게 내려준 환한 빛에도 불구하고, 수년 동안 자신의 가슴 속에 어둠의 한 조각을 품고 살았다. 그가 간직했던 어둠은 그 사랑에 대한 애도의 감정이기도 했고, 자기가 그 사랑을 포기했던 것이 과연 올바른 선택이었는지에 대한 의심의 감정이기도 했다. 그러나 그는 그런 회한의 감정들을 품은 채 살아가는 법을 터득했으며, 그녀가 이해할 수 없었던 사랑의 방식으로 그녀를 계속 사랑했다. 그는 단지 그녀가 다른 사람과 환하게 웃으며 지내는 것을 상상하기만 해도 행복했다. 그녀가 저항 단체에 소속되어 있었고 군사정권에 의해 암살당했으며, 그녀의 시신이 바다에 던져졌다는 충격적인 소식을 듣기 전까지는 말이다.

베르골리오는 이제 더 이상 완전무결해 보이는 신부의 모습을 띠고 있지 않았다. 세상에서 가장 소박한 모습, 끝까지 변함이 없을 것 같은 신부의 모습으로 변해 있었다. 그 역시 베네딕토 16세처럼 인생의 회한이 남긴 무게와 더불어, 자신의 과오로 인한 마음의 짐을 짊어지고 있었던 것이다.

이렇듯 우리는 모두 비슷비슷하다. 우리는 모두 괴로움의 감정을 갖고 있으며 일관성 없는 모습을 갖고 있다는 면에서 비슷하다. 왜냐하면 우리는 모두 불완전하며, 그 사실을 숨기기 위해 안간힘을 쓰고 있기 때문이다. 그런 헛된 시도는 우리를 사로잡은 채 쉽게 놓아주지 않는다. 그래서 우리는 타인에게 내어줄 공간이 우리 내면에 존재하지 않는다는 것을 스스로 확인하게 되기를 바란다. 또한 우리는 우리의 가면이 우리를 보호해 주고 있다고 믿고 있지만 사실 그 가면은 우리를 고립시키는 역할만 할 뿐이다. 게다가 우리는 우리의 실패가 나와 상대방을 더 가깝게 만들어준다는 사실도 잊은 채 살고 있다.

호르헤 베르골리오가 베네딕토 16세와 진정한 만남을 이룬 이유는 오로지, 베네딕토 16세가 상상을 초월한 엄청난 고백을 했기 때문이다. 또한 베네딕토 16세가 호르헤 베르골리오와 진정한 만남을 이룬 이유는 자신이 지닌 고통의 일부를 그에게 보여주었기 때문이다. 그들의 우정은 바로 그날 저녁에 탄생했으며 오늘날까지도 변함없이 이어지고 있다. 베네딕토 16세는 '요제프 라칭거(베네딕토 16세의 본명. -역주)'로 돌아갔으며 현 교황인 프란치스코가 주기적으로 만나 조언을 구하는 사람들 중 하나가 되었다.

　두 교황의 만남에 결정적인 역할을 했던 것이 바로, 인간적인 나약함의 위력이었다. 이 '위력'이라는 말은 이 단어의 그리스어 어원에서 볼 때, 또 아리스토텔레스의 철학에 비추어볼 때, 다른 무엇인가를 가능하게 만드는 것을 뜻한다. 두 교황의 만남은 그들의 가면이 벗겨졌을 때, 그들의 빈틈이 외부로 드러났을 때 비로소 이루어질 수 있었다.

　용기 있게 자신의 결점을 드러내는 일은 우리가 습관적으로 맺는 사회적인 관계와 다른 형태의 연결고리를 제시해줌으로써, 우리의 만남에 방해 요소로 작용하는 역할

놀이와 직업 놀이를 단번에 부서뜨릴 수 있게 만들어준다. 이런 일은 호르헤 베르골리오가 그렇게 했듯 자신의 과거에 대한 이야기를 함으로써 흔히 이루어지곤 한다. 그런 진솔한 이야기는 다른 사람의 마음속에 큰 울림을 만들어낼 수 있다.

그리고 자신이 결점을 가진 사람이라는 것을 보여주는 일은 상대방으로 하여금 똑같은 행동을 하게 만들 뿐만 아니라, 상대방이 평가를 받는 것을 겁내지 않고 용기 있게 자신의 본 모습을 당신에게 보여주게 만든다. 인간 심리의 기본적인 원리에 따르면 이것은 '상호성'이라고 부를 수 있을 것이다.

우정의 감미로움

이탈리아의 철학자 조르조 아감벤은 아리스토텔레스가 우정에 관해 언급한 개념을 해설하면서, 친구란 우리가 "인간으로 존재하는 감미로움 그 자체를 함께하는 또 다른 자아"라고 정의했다.

우정에 대한 정말 놀라운 접근이 아닐 수 없다. 사실 아리스토텔레스는 『니코마코스 윤리학』에서 친구란 우리가 우리의 잠재성을 깨닫게 만들어주고 더 발전하게 만들어주며, 더 나은 사람이 되도록 만들어주는 그런 존재라고 정의한 바 있다. 그런데 조르조 아감벤은 아리스토텔레스의 이 유명한 책에서 사람들이 눈치 채지 못했던 하나의 중요한 개념을 새로 발견했던 것이다. 즉 친구란 우리의 삶을 더 감미롭게 만들어주는 누군가라는 것이다. 바로 그런 이유로 우리는 친구와 함께 있을 때 아무 말을 하지 않아도 거북함을 느끼지 않는 것이고, 시간의 흐름도 잊은 채 몇 시간 동안 이야기를 나누는 것이며, 비밀스러운 이야기도 털어놓곤 하는 것이다. 우리는 친구라는 존재를 통해 가장 힘든 시기에도 삶의 감미로움을 느낄 수 있다. 게다가 그런 경험은 보편적이다.

가령 이런 상황을 상상해 보자. 오늘 내 기분이 좀 울적하다. 나는 친구를 불렀고 이제 약속장소를 향해 걸어가고 있다. 그런데 이게 웬일인가! 내가 그 친구를 만나자마자, 또한 내가 그 친구 앞에 마주 앉자마자 나의 무거운 삶이 별안간 가벼워지고 부드러워지고 있다. 사실 내가 안고 있던 문제는 해결되지 않았다. 그래도 무엇인가가 달라졌다. 내 친구는 아직 아무 말도 하지 않았다. 하지만 그가 여기 있다는 것, 그의 존재만으로도 충분하다. 심지어 우리의 대화가 시작되기 전인데도 불구하고 나는 이 우정으로 맺어진 관계가 주는 포근함을 느낄 수 있다. 그리고 내 자신에게 속한 것이자 동시에 우리 둘 사이에 있는 무엇인가가 나에게 위안을 준다는 것을 깨닫게 된다. 두 교황이 상대방이 지닌 인간적인 결점에 대해 웃음까지 짓게 만든 그날 저녁에 그들이 발견했던 것도 바로 이것이다. 즉 이것은 고독 속에서는 절대 느낄 수 없는, 이 세상을 살아가고 있다는 감미로움의 느낌이다. 그러나 그것을 맛보기 위해서는 나의 상대에게 내 연약하고 부족한 모습을 보여주는 법을 터득해야 한다.

나는 약한 존재이기에, 그리고 인생이라는 이 벌판은 거칠고 냉혹한 곳이기에 그 감미로움이 필요하다. 용기를 내서 자신의 약한 부분을 보여주는 것, 그것은 우리가 우정을 통해 달콤한 위안을 얻을 수 있도록 기회의 문을 활짝 여는 것이다.

섬세함을 발휘할 것

하지만 자신의 약한 면을 드러내는 행동에 있어서, 어느 정도의 조심성과 신중함이 필요하다. 무작정 상대방을 붙들고 그의 얼굴 위로 내 고통에 대한 이야기를 풀어놓는 일은 피해야 한다. 그 행동에는 어떤 적절한 순간과 절호의 기회, 요령, 섬세함이 요구된다고 할 수 있다. 그러므로 나의 약한 면을 드러내는 일은 상대방의 얘기를 섬세한 태도로 들어주는 자세, 또한 상대방에게 활짝 열린 주의력을 유지하는 자세와 병행해서 실천해야 한다. 상대방의 감정에 대해서는 배려하지 않은 채, 추잡하거나 무례한 태도로 자기의 가면을 너무 일찍 벗는 행위는 오히려 그를 도망치게 만들거나 나와 충돌하게 만들 수도 있다. 예를 들어 자신의 연인과 애정적인 위기를 겪고 있거나 독신 생활의 외로움으로 힘들어하는 누군가에게 내가 사랑에 빠졌다는 것을 신나서 고백하는 일은 적절하지 못한 행동일 것이다. 이와 마찬가지로 자신의 가면을 벗을 때 어떤 말을 할지 생각하는 일도 무척 중요하다. 만약 나와 대화를 나누는 상대방이 실직한 지 얼마 되지 않은 상황이라면, 요즘 일 하느라 너무 피곤하고 만성피로 증후군이 나를 덮치고 있다는 말을 꺼내지 않는 편이 더 좋을 것이다. 이렇듯 우리의 만남은 우리가 취하는 섬세한 태도에 따라 성공할 수도, 실패할 수도 있다. 나는 그 섬세함을 발휘하여 상대의 결점을 계속 배려할 것이고, 말을 꺼내기에 적절한 순간의 선택뿐 아니라 단어 선택에도 주의를 기울일 것이며, 또한 내가 말할 수 있는 것과 침묵을 지키는 게 더 나은 것을 구분하면서 나의 결점을 드러내는 방법을 터득해 나갈 것이다.

프랑스어로 '절친한 친구confident'라는 명사는 라틴어 '콘피도confido'에서 유래한 것이다. '콘피도'는 우리가 신뢰할 수 있는 사람을 지칭한다. 또한 '절친한 친구confident'와 철자의 구성이 흡사한 '신뢰confiance'는 영어로도 '신뢰confidence'이다. 타인을 신뢰하고 타인 앞에서 내 가면을 벗는 행위를 통해 나는 그 사람에게 하나의 책임감을 부여한다고 할 수 있다. 즉 나는 그에게 나를 돌봐달라는 요청을 하는 셈이다. 그러면서 나는 그 대가로 하나의 거대한 가치를 그에게 주는데, 그것은 바로 내가 지닌 진실의 일부이자 내가 지닌 결점의 큰 부분, 그리고 내가 지닌 모든 신뢰감이다. 이때 나 역시도 그에 대해 많은 것들을 기대하게 된다. 그도 나에게 섬세한 아량을 베풀어주기를 기대하는 것이다. 하지만 그 아량은 재치 있고 조심성 있게 표현되어야 한다.

여기서 한 가지 궁금증이 생긴다. 그렇다면 우리는 타인에게 존재하는 어떤 점을 좋아하는 것일까? 그가 지닌 힘일까, 아니면 그가 지닌 나약함일까? 아마도 우리는 두 가지가 혼합된 존재를 좋아하는 것일지도 모른다. 즉 우리의 관심을 끄는 것은 한 인간의 나약함이라기보다는 그 나약함이 드러내는 복합성이라고 할 수 있다. 힘과 나약함의 이 긴밀한 뒤얽힘, 또한 사회적 가면으로 인해 발생하는 복합성이 우리의 관심을 모으는 것이다.

실제로 우리는 타인이 자신의 힘(그의 여유로움, 그의 카리스마, 그의 성공담 등등)으로 우리의 마음을 사로잡을 때조차 그 사람의 연약함이 발현되는 것을 종종 느낄 수 있다. 그러면서 그는 그만큼 더 우리를 매혹시키곤 한다. 또한 우리는 그 사람이 자신의 연약함을 힘과 조합하는 법을 얼마나 잘 터득했는지, 그 연약함으로 자신의 힘을 만드는 법을 얼마나 잘 터득했는지에 대해 감탄할 수도 있다. 게다가 우리는 그가 자신의 힘과 연약함에 대해 고백하는 방식, 더구나 그가 그 두 가지 때문에 몸부림치며 자기만의 길을 내는 방식을 보고 감탄할 수도 있다. 우리는 때때로 어떤 사람에 대해, 타인들이 전혀 모르는 그의 약점을 간파하고 있는 유일한 사람이 나 자신이라고 느낄 때가 있다. 본능적으로 그 사람과 나 사이에 하나의 내밀한 연결고리를 만들어내면서 말이다. 그런데 만약에 그의 약점의 그물에서 어떤 것도 걸러지지 않는다면 우리는 그의 복합성을 엿볼 수 없게 될 것이고 재빨리 우리의 방향을 바꾸게 될지도 모른다. 비록 타인이 솔직히 자신의 가면을 벗지 않는다고 할지라도 우리는 그 사람의 실질적인 존재를 꿰뚫어보아야 한다. 그렇게 해야만 우리는 그 사람과 진정으로 만나고 싶다는 갈망을 품을 수 있다.

자발적인 행동을 통해 하나의 우연을 촉발시키는 것, 우리가 모르는 미지의 존재에 대해서도 개방성을 지니는 것, 상대의 반응에 대해 염려하지 않고 자신의 가면을 벗는 것, 이렇게 신뢰를 필요로 하는 많은 행동들이 중요하다. 이때 자신에 대한 믿음은 자신에 대한 확신과 분명 다르다. 믿음을 갖는다는 것은 의심이 피어나는데도 불구하고 자신의 몸과 마음을 던져보는 것이고, 받아들이는 방법을 터득하는 것이다. 두려움을 떨치며 안도감을 찾는 것이 아니라 두려운데도 불구하고 불확실성과 포옹하는 것이다.

우리가 이번 장에서 살펴보았던 만남의 중요한 조건 세 가지-자신의 틀 밖으로 나가기, 개방성을 지니기, 가면을 벗기-는 우리를 다음과 같은 명제로 이끈다. 그것은 불확실한 것들에 대해 우리가 믿음을 지녀야 한다는 점이다.

결과에 대해 확신하지 않으면서도 자신의 틀 밖으로 나간다는 것, 그것은 하나의 행동에 대해 확신을 갖는 것이며, 현실을 재구성하는 자신의 능력에 대해 확신을 갖는 것이다.

미처 예상하지 못했던 것들에 대해 개방성을 지니는 일은 '믿음'의 또 다른 정의일 뿐이다. 우리가 잘 알고 있는 영역에 대해서만 믿음을 갖는다면, 그때부터는 믿음이 아닌 능력만이 중요성을 띠게 될 것이다.

자신의 취약성을 드러낸다는 것은, 우리가 그런 행동보다 먼저, 우리 자신과 타인에게 믿음을 가질 필요가 있다는 점을 알려준다. 그런 믿음을 가질 때, 미지의 낯선 사람에게도 자신의 친밀함을 용기 있게 드러낼 수 있는 것이다.

Part 3.

진정한 삶은
만남이다

La Rencontre

인간 본질로서의
만남이란 무엇인가

동물들도 인간과 마찬가지로 서로 갑자기 마주치기도 하고 만나기도 한다. 우선 동물들에게 있어서는 자기들의 생명에 위협을 가하는 천적과의 만남이 존재한다. 그리고 거위나 앵무새처럼 사랑으로 연결된 만남도 존재하는데, 이 새들은 항상 두 마리가 함께 지내다가 그들의 '짝'이 죽으면 힘을 잃는다. 또 당나귀들은 대개 혼자 있는 것을 견디지 못하고 늘 다른 당나귀를 골라서 함께 다니는 습성이 있다. 말과 양, 염소도 하루 중 대부분의 시간을 같은 종의 동물과 함께 보낸다. 이런 동물들은 '동료적 관계'를 맺고 있다고 볼 수 있을 것이다. 관찰 결과를 볼 때 동물들의 사회적인 관계망은 거의 인간들의 관계와 다름없는 친밀함을 보여준다. 게다가 그 관계망 속에서 개체 수를 늘리고 있는 동물 군의 예는 너무나 많아서 그 수를 다 헤아릴 수조차 없다.

인간과 동물 사이의 간극

그러나 동물들의 만남은 그 만남이 그들에게 본질적이기는 하더라도, 그만큼의 큰 영향력을 행사하지 못한다. 즉 동물 한 마리가 다른 동물과의 접촉을 통해, 생명을 이어가고자 하는 욕망과 즐거움, 신뢰감과 평화까지 얻을 수 있다고 할지라도, 그들의 만남은 우리 인간들의 만남이 우리를 바꾸어놓는 극적인 방식으로 그 동물을 변화시키지 못한다. 또한 동물과 동물의 만남이 동물 군의 진화에 끼친 영향력을 생각해 볼 때 만남의 작용력이 정말 미미하다는 것을 확인할 수 있다. 한 인간 존재는 어떤 선생님과의 만남을 통해 자신의 삶이 전복되었다는 것을 깨달을 수도 있고, 어떤 연인과의 만남을 통해 자신이 삶에 대해 갖고 있던 관념이 뒤집어진 것을 감지할 수도 있다. 하지만 동물들은 우리 인간들과 완전히 다른 수단을 사용한다. 그들의 본능은 우리의 본능보다 더 뚜렷하고, 대체로 그들의 감각 역시 우리의 감각보다 더 발달되어 있다. 우리가 동물들처럼 강인한 힘과 예민한 감각을 지닌 채 자신의 길을 스스로 잘 개척할 수 있다면 다른 사람을 향해 몸을 돌리는 것이 무슨 의미가 있겠는가?

장 자크 루소의 주장에 따르면 동물의 발달된 본능은 인간보다 훨씬 더 적은 '개선의 여지'를 갖게 만든다고 한다. 그렇기 때문에 만남이 끼치는 작용력에 있어서도 동물들이 인간들보다 그 영향을 훨씬 덜 받는다는 것이다. 루소는 그의 대표적인 저서 『인간 불평등 기원론』에서 다음과 같은 말을 했다. "인간과 동물의 차이에 관련된 모든 어려운 문제들은 몇 가지의 논쟁거리를 남겨놓는다. 그러나 이 두 종을 구별 짓는 매우 특별한 성질이 하나 존재한다. 게다가 이 사실에 있어서는 이견의 여지가 없다. 그것은 바로, 더욱 완벽해질 수 있는 능력을 인간만이 갖고 있다는 점이다. 그것은 환경의 도움을 받아, 자기가 갖고 있는 모든 능력들을 하나하나 발전시키는 능력을 말한다. 그런데 우리 인간에게 있어서 그 능력은 한 개인에게만 존재하는 것이 아니라 모든 인간 종에게 보편적으로 존재하고 있다. 반면에 동물은 태어난 지 몇 달 만에, 평생 변하지 않을 모습을 지니게 되고, 1000년의 세월이 흐른다고 해도 그 종의 최초의 모습과 똑같이 남아있을 것이다."

그러나 루소가 이 말을 남긴 후 한 세기 이상의 세월이 흘렀을 때, 다윈은 각각의 동물 종이 진화한다는 사실을 증명했다. 따라서 "1000년의 세월이 흐른다고 해도 동물들은 그 종의 최초의 모습과 똑같이 남아있을 것이다"라는 말은 잘못된 명제가 되어버렸다. 동물행동학자들도 역시, 동물들이 스스로를 '완전하게 만드는 능력'을 갖추고 있다고 강조한 바 있다. 하지만 그렇다 하더라도 동물의 그 능력은 인간의 능력과 비교도 할 수 없을 정도로 낮은 수준이고 거의 두드러지지 않는 순환성을 지니고 있어서 루소의 발언이 더 타당성 있게 여겨지기는 한다. 비록 그가 자기의 주장을 뒷받침하는 과학적인 사실들에 비추어 약간의 변화를 주었을지라도 그는 명백한 사실에 근거해서 자신의 논지를 전개했다. 실제로 동물들이 자기의 종족들과 접촉했을 때 생기는 변화의 폭보다 인간이 다른 사람들과 접촉했을 때 생기는 변화의 폭이 훨씬 더 넓다. 즉 우리는 동물들보다 훨씬 더 빨리 발전한다. 물론 안 좋은 쪽으로 발전할 수도 있다.

루소는 다음과 같은 말을 이어나갔다. "왜 인간은 이렇게 쉽게 어리석어지는 것일까? 인간이 본래의 원시적인 상태로 되돌아가는 이유는 바로, 인간이 어리석기 때문이 아닐까? 즉 동물은 아무것도 얻지 못했으니 더 이상 잃을 것도 없어서 계속 자기의 본능대로 살아가게 되는 반면에, 인간은 '더 발전할 수 있는 여지'가 자신에게 안겨주었던 그 모든 것들을 노화와 온갖 사고들 때문에 다시 잃게 되는 것이 아닐까? 그래서 동물들보다 더 하등한 상태로 다시 굴러 떨어지는 것이 아닐까?" 루소의 이 말에 따르면 "본래의 원시적인 상태로 되돌아가는" 인간의 능력은 완벽해지려고 하는 그의 능력과 짝을 이루고 있다. 더욱이 그 두 가지 능력 모두, 자유로운 인간에게 있어서 '인간이라는 동물'의 초상화가 어떤 모습인지를 보여주고 있다. 우리 인간은 다른 동물 종보다 본능에 덜 굴복한다. 또한 우리 인간에게는 새로운 사람이 될 수 있는 자유와 더

불어, 우리를 전진하고 후퇴하게 만드는 자유가 주어져 있다. 그리고 새로운 사람이 될 수 있다는 가능성은 우리가 앞으로 만들어낼 만남들 중 일부의 만남에 달려있다. 우리의 유일한 '운명'은 바로, 수많은 만남들이 우리에게 제공해 줄 그 가능성이라고 할 수 있다.

인간과 동물 사이에는 '본성'의 차이가 아닌 '본성의 정도' 차이가 존재하고 있다. 즉 인간과 동물은 극단적으로 다르지 않으며, 인간과 동물의 본질은 절대적으로 다른 것이 아니다. 그럼에도 불구하고 인간과 동물 사이의 간극은 너무나 거대해서, 얼핏 보기에는 그 간극이 본래 하나의 대립을 가리키고 있는 것처럼 보인다. 하지만 바로 이 대립의 지점에서, 만남이라는 수단을 통해 인간의 특성이 무엇인지 꿰뚫어보고 싶은 유혹이 생겨나는 것이다.

20세기 전체에 걸쳐 동물행동학자들의 여러 연구는 동물에 관한 우리의 시야를 넓혀주었다. 가령 어떤 우등한 포유류들은 우리 인간처럼 언어를 습득할 수 있다는 것을 보여주었다. 이 동물들은 이타적인 행동이나 유머가 담긴 행동을 했고 죽음에 대해 인식했으며 그 두려움을 표현하기도 했다. 심지어 어떤 동물들은 그들과 가까운 친족에게 묘지가 될만한 곳을 안내하기까지 했다. 하지만 이런 식으로 동물들을 인간과 비교해서 추론을 하는 것은 인간을 모든 동물 군과 완전히 동떨어진 개별적인 존재로 정의내리는 대범한 시도를 하는 셈이다. 엘리자베스 드 퐁트네가 자신의 방대한 저서 『동물들의 침묵』에서 증명했던 것처럼, 이분법적인 방식으로 인간의 특성을 미리 상정하는 것은 이중적인 위험을 안고 있다. 첫 번째의 위험은 인간들과 동물들이 놀라울 정도로 비슷하다는 사실을 우리가 모르는 체 할 수 있다는 점이다. 두 번째의 위험은 우리가 인간에 대한 특정한 정의에 부합하지 않는 남자들과 여자들을 '인간'이라는 분류에서 배제시킬 수 있다는 점이다. 만약 우리가 인간의 특성으로 '지능'을 고른다면 정신병을 지닌 장애인들은 어떻게 '인간'의 범주에 넣을 것이며, 만약 우리가 인간의 특성으로 '언어'를 고른다면 말을하지 못하는 장애인들은 또 어떻게 '인간'의 범주에 넣을 수 있겠는가? 이처럼 만남이라는 것을 오직 인간만의 특수성이라고 단정 짓는 것은 우리가 오래 전에 정신의 의식이나 언어, 웃음이 인간만의 특징이라고 단정 지었을 때와 동일한 실수를 반복하게 되는 것이다. 또한 그런 인간적 특징에서 배제되는 사람들을 인간으로 규정하는 것을 거부하는 시도이다.

그러나 엘리자베스 드 퐁트네가 입증한 바와 같이, 이렇게 인간의 특성-인간과 동물 사이의 엄밀한 차이점이라는 측면에서의-을 범주로 나눠 확인하지 않는다고 해서, 우리가 동물이 아니라는 점을 부정하는 쪽으로 향해서도 안 될 것이다. 그녀는 이런 말을 덧붙였다. 동물은 우리 인간과 "너무나 멀기도 하고 너무나 가깝기도 하다." 사실 우리가 개나 코끼리 혹은 고릴라를 관찰하다 보면 그 말에 대해 공감할 수 있을 것이다. 그 모든 비슷한 점에도 불구하고 우리는 그들과 같지 않다. 그 이유에 대해 뚜렷하게 밝힐 수조차 없지만 우리는 분명히 그 사실을 알고 있다. 동물들도 머리로 지각을 하는 능력을 갖고 있지만 우리 인간의 지각 능력은 그보다 훨씬 더 뛰어나다. 동물들도 감정 공감 능력을 갖고 있지만 우리만큼 감정 이입을 크게 하지는 못한다. 그리고 동물들도 놀이를 즐기고 웃을 수 있지만 우리 인간처럼 거대한 규모의 희극 공연을 만들어내지는 못한다. 인간과 동물 사이의 이 차이점, 본질적으로 다르지는 않지만 어느 정도의 차이점만 존재한다는 사실이 그 차이점을 한층 더 매혹적으로 만든다. 그 차이점은 과연 어디에서 연유하는 것일까? 우리 모두는 지금 살아있는 인간의 그룹에 속해있으며, 몸집이 큰 원숭이를 조상으로 두고 있다. 그런데 왜 호모 사피엔스는 다른 종보다 더 빨리 진화한 것일까?

우리는 조산아로 태어났다

위의 질문에 대한 대답으로, 고대부터 가장 많이 그리고 흔하게 제시되었던 대답 중 하나는 바로 우리가 조산아 (早産兒)이기 때문이라는 주장이다. 즉 우리가 너무나 일찍, 불완전한 상태로 태어났다는 것이다. 우리는 불완전한 상태로 태어났기 때문에 모든 것을 새로 습득해야만 했다. 그런 이유로 우리는 급하게 사회적인 그룹에 합류해야 했고 사람들의 도움을 받아야 했으며 사회가 전해준 지지대 위에 올라가야 했다. 한마디로 인간은 다른 인간들이 곁에 없다면 생존이 불가능하다.

가령 신생아는 세상에 태어나면서부터 누군가의 보호와 인간관계에 대한 갈증을 느끼기 때문에, 엄마의 뱃속에서 나오자마자 큰 울음을 터뜨린다. 이러한 의존성은 가혹하기도 하고 아름답기도 하다. 그 의존성이 아름다운 이유는 그것이 인간으로부터 관계성과 감정을 지닌 다른 인간 존재들을 생겨나게 만들기 때문이고, 그 의존성이 가혹한 이유는 그것이 종종, 사라지지 않는 흔적을 남기는 어떤 결핍을 만들기 때문이다. 이 이론은 만남의 위력에 빛나는 조명을 비춰주고, 만남이라는 것이 어떻게 우리 인간들을 더 많이 변화시킬 수 있는지 쉽게 이해할 수 있게 만들어준다. 생생한 현실 속에서 타인들과 만나는 일은 나에게 항상 결정적인 영향을 끼친다.

아리스토텔레스에 따르면, 인간은 하나의 불완전한 동물이다. 즉 인간은 무한한 가능성으로 충만하기도 하지만, 앞으로 자신이 도달하고 완성해야 할 미지의 상태로 계속 남아있으며, 인간의 수많은 자질들은 '현실화될 순간'을 기다리고 있다. 더욱이 아리스토텔레스는 인간을 '정치적인 동물'로 정의하기도 했다. 그러나 인간은 태어나면서 이 정치적인 차원을 '잠재적인 상태'로만 소유하고 있고 아직 '행동으로 옮기는 상태'에 놓여있지 못하다. 다시 말해서 인간은 잠재적으로 사회적인 존재이자 사교적인 존재가 될 수 있는 그런 존재이다. 사회 공동의 이익에 기여하기 위해 자신의 이성과 언어를 사용하고, 자기와 같은 평범한 시민들에 대해 공감을 느끼면서 말이다. 그런데 정치적인 차원에 있어서 인간의 그 잠재적인 상태는 타인을 만나게 됨으로써 비로소 현실적으로 실행될 수 있다. 가령 고대 그리스에서 시민들의 의견을 교환하기 위한 공간으로 만들어진 아고라(고대 그리스 도시국가의 중앙 공공장소로서 회의나 재판, 상업, 사교 등의 다양한 활동이 이루어졌다. -역주)는 이런 정치적인 활동에 주로 이용되었다. 게다가 아고라에 규칙적으로 가는 것이 그 당시 시민들의 의무로 받아들여지기도 했다.

그런데 이런 정치적인 활동과 더불어, 함께 살아간다는 것에 대한 고찰, 공동의 이익에 관한 어려운 문제들, 의견의 교환과 특정한 논제를 제시하는 행위 등은 이성의 발전과 언어(고대 그리스인들은 '이성'과 '언어'라는 말을 '로고스logos'라는 한 단어로 지칭했다)의 완성에 큰 기여를 했다. 또한 '상호의존성'(그리스인들이 '필리아philia' 라고 불렀던 '우정의 사회적인 형태')이란 단어의 예처럼, 오늘날 우리가 정서를 지칭할 때 쓰는 특정한 단어들 역시 그런 정치적인 활동에 의해 발달된 것들이다. 요약하자면 시민은 아고라를 통해 한 사람의 완성된 인간이 될 수 있었고 실질적으로 '정치적인 동물'이 될 수 있었다.

그렇다면 다음과 같은 믿음을 가질 수도 있지 않을까? 자연은 자신의 작품인 인간을 미완성인 상태로 세상에 떨어뜨려 놓은 것이며, 인간들끼리의 상호작용을 통해 자신을 완성하기 위한 노력을 기울일 수 있게 만들어 놓았다고 말이다.

바로 이 때문에, 아리스토텔레스가 이야기했던 만남이란 하나의 완성 이상을 의미한다고 할 수 있다. 그에게 있어서 만남은, 우리가 계속해서 인간이라는 존재로 남는다는 전제하에, 우리를 완성하는 조건 그 자체가 되고, 우리의 본질적인 가능성들을 현실화시키는 조건 그 자체가 된다.

하지만 그 시대에 있어서도, 이런 이로운 점들이 있다고 해서 타인을 만나러 가는 일이 그만큼 더 쉬운 것은 아니었다. 아직 거쳐야 할 과정이 있었다. 우선 아고라 광장으로 가기 위해 자신의 집에서 나와야 했고, 공공의 의견대립이라든가 반박하는 주장들, 도발과 대립의 가능성들을 잠자코 받아들여야 했던 것이다. 그렇다고 해도 그 만남이 가져다준 보답들은 실로 막대했다. 만남이 그런 보답을 가져다주는 이유는 우리가 만남을 통해 우리의 이성과 우리의 언어, 우리의 공감 능력을 향상시키는 동안 우리 자신의 가장 뛰어난 한 부분이 사회적인 영역 속에서 성장해 나가고 있기 때문이다.

1796년에 독일의 철학자 피히테는 자신의 이론을 다음과 같이 요약했다. "한마디로 말해서 모든 동물들은 완성되어 있는 상태이고 완벽한 상태이다. 오직 인간만이 다른 존재들의 지시를 받아야 하는 초벌 상태에 놓여있다. […] 자연은 이 세상의 모든 작품들을 완성해 놓았다. 하지만 자연은 인간이란 존재에 대해서는 손대는 일을 단념했으며 인간을 본래의 상태로 만들어놓았다." "본래의 상태"에 놓인 한 인간, 그리고 "다른 존재들"의 의미는 다음과 같을 것이다. 자연을 통해 초벌로 스케치 된 인간은 다른 존재들과의 만남을 통해 자신의 결정적인 형상을 만들 수도 있고 구체화시킬 수도 있게 된다.

인류가 조산(早産)으로 탄생했다는 이 가설이 과학적인 검증을 받게 된 것은 20세기에 들어서면서부터였다. 네덜란드의 생물학자인 루이스 볼크는 조산을 인간이라는 종의 특징으로 규정했으며 그것을 '유형성숙(幼形成熟)'이라고 불렀다. 스티븐 제이 굴드와 같은 인류학자들도 볼크의 연구에 신빙성을 실어주는 연구 결과를 발표했으며, 가빈 라이랜즈 드 비어 같은 발생학자들도 인간의 태아 세포가 완전히 성장하기 위해서는 약 18개월의 시간이 필요했을 것이라는 가설을 증명해 보이기도 했다. 그러므로 이 가설에 따르면, 우리 인간이 '완성된 최초의 형태'에 도달하기 위해서는 현재의 임신과 출산 기간에 이어서 적어도 9개월의 시간이 더 필요하다. 이 가설은 인간이 엄청나게 빨리 태어난 '조산아'라는 사실을 확인할 수 있게 만든다.

학자들은 인간의 직립 보행을 그 원인으로 제시했다. 인간은 자신의 몸을 일으켜 세움으로써 자신의 뇌와 후두, 시각을 자유롭게 만들었지만 이 감각들은 후각의 손실을 초래하며 발달했다는 것이다. 그런데도 우리 인간은 직립 보행을 시작하면서부터 때 이른 탄생을 계속 촉진해 왔고, 태아도 세상에 일찍 나오고 싶어서 그만큼 더 힘을 주며 자궁벽을 밀어내게 되었다.

만남은 생존의 문제

인간의 때 이른 탄생이 불러온 결과는 실로 어마어마하다. 우리 인간은 태어나자마자 그토록 연약하고 그토록 결핍된 상태로 타인의 손에 던져진다. 또한 우리 인간은 보호

받아야 하고 보호막으로 감싸져야 하며 안정감을 느껴야 한다. 게다가 우리는 본능이 쇠퇴한 상태로 태어났기에 이미 실패를 예견하고 있었다. 그래서 그 쇠퇴한 본능은 우리로 하여금, 우리가 부족한 부분을 배울 수 있도록 인도했고 다른 포유류보다 훨씬 더 많은 시행착오를 겪도록 만들었을 뿐 아니라, 타인과 우리의 부모님, 조부모님, 선생님, 역사 강의로부터 무엇인가를 배우도록 인도했으며, 다른 동물들과 달리 상상을 할 수 있도록 만들었다. 이 유형 성숙은 특별한 방식을 지닌 만남의 모험 속으로 우리를 던져주었을 뿐 아니라, 타인을 꼭 만나야 한다는 절박함과 욕망, 열렬한 기다림과 필연성 속으로 우리를 데려갔다. 왜냐하면 만남은 우리의 구원에 관련된 문제였기 때문이다. 우리 인간은 본능의 결핍을 보충하기 위해 새로 만들어야 할 것들이 너무 많았다. 이 학설에서 볼 때에도 좋은 만남을 이룬다는 것은 심심풀이 오락이 아닌 생존의 문제이고, 우리가 발전하기 위한 하나의 조건이라고 할 수 있다.

만약 우리가 때 이르게 태어난 이 동물 군에 속하지 않았다면, -그래서 결핍이 없는 성공적인 인간들이 되었다면- 그리고 만약 우리의 본능이 우리의 운명만큼이나 확실하게 우리를 인도했다면, 우리의 만남은 지금과 같은 무게가 나가지 않을 것이다. 아마도 우리는 사회성을 갖춘 다른 모든 동물 군들—늑대, 철새, 꿀벌, 개미—처럼 살고 있을 것이다. 이 생물들은 무리를 형성하면서 대규모로 떼를 지어 만나거나 때로는 벌집이나 개미집 속에서 만나는데, 언제나 함께 모여 살고 함께 자기들의 활동을 조직화한다. 그렇지만 모여서 사는 이 생물들은 본능에 너무 충실한 나머지, 여러 개체들의 만남이 한 개체의 개별적인 성질에 영향을 끼치지 못할 뿐 아니라 그룹 안에서 한 개체의 역할을 결정하는 일에도 거의 영향을 끼치지 못한다.

가령 황새들과 두루미들은 무리를 지어 추위를 피해 따뜻한 남쪽으로 이동을 한다. 이 새들이 지닌 강한 본능은 그들이 이런 이동을 하도록 지시를 내려주기도 하고 그들을 세상의 저 끝까지 인도하기도 하며, 그들의 모험에 지배적인 영향력을 행사한다. 심지어 자기의 비행 친구들을 만나기 전인데도 불구하고 말이다. 일단 새들끼리의 만남이 이루어지고 나서 한 그룹을 이루는 새들 사이의 관계망이 형성되면, 그 관계는 기본적으로 새들의 이동경로와 자기들의 필요에 의해 결정된다. 예를 들면 그룹 안에서의 서열에 의해 관계가 결정되는 것이다. 자기들만의 번식 장소로 이동하기 위해 얼음 위에서 수십 킬로미터를 걷는 황제펭귄의 경우에도 사정은 마찬가지이다. 우리는 황제펭귄들이 서로서로 '짝 맞추기'를 할 줄 안다는 사실에 놀라게 되는데, 그렇게 짝 맞추기를 한다고 해서 즉 만남을 가졌다고 해서 그들의 본래 모습이 달라지지는 않는다. 펭귄들에게 있어서는 종족과의 만남이 일어난 시기의 전이든 후이든 상관없이, 한 마리만의 고유한 개체성이 존재하지 않는다. 바로 이 지점에서 아직 미완의 상태이고 불완전한 우리 인간 종과 다른 동물들의 차이를 짐작할 수 있다. 아리스토텔레스가 정의했던 것처럼, 우리 인간은 여타의 동물들과는 달리 아고라에서의 열띤 토론들 덕분에 '정치적인 동물'로서 우리 자신을 더 완전하게 만들 수 있는 능력을 지닌 것이다.

앞에서 살펴본 것처럼 우리 인간은 하나의 존재 속으로 너무 일찍 던져진, 위대한 조산아 출신들이다. 그래서 우리는 기대감과 갈망을 잔뜩 안은 채 타인들을 향해 나아가고, 이 타인들은 우리 앞에 거의 신과 같은 존재로 나타난다. 우리는 이런 식으로 사람들을 만나고, 각각의 중요한 만남을 통해 우리가 지닌 인간 조건의 진실을 음미하고 있다. 따라서 이 하나하나의 만남들은 우리의 탄생을 증명하는 도장(圖章)과 같으며, 바로 그런 이유로 하나의 탄생과도 같은 것이다.

나는 당신을 만난다,
그러므로 존재한다

존재론적 해석

철학자 사르트르는 자신의 저서 『실존주의는 휴머니즘이다』에서 우리 인간이 하나의 존재 속에 "던져졌다"고 주장했다. 유형성숙 이론을 주장하는 학자들이 설명했듯 '너무나 일찍' 세상에 나온 것이 아니라, '본질'도 없고 정의내릴 수도 없으며 선험적으로 존재하는 어떤 진실도 없이, 존재 속에 던져졌다는 의미이다. 즉 우리는 완전히 불확정적이면서도 동시에 절대적으로 자유롭다. 이 실존주의 철학자는 이렇게 인류학적인 관점을 확장시켰다.

실존이 본질에 앞선다

사르트르는 "실존이 본질에 앞선다"고 주장하면서 우리 인간이 우선적으로 '존재'함을 강조했다. 그리고 인간은 누군가의 생각에 의해서도 아니고 신의 의지에 따른 것도 아닌 채 존재하게 됐음을 강조했다. 그런데 "실존이 본질에 앞선다"라고 가정한다면, 우리가 인생을 살다가 죽게 되는 마지막 순간까지 우리가 하게 되는 모든 선택들과 행동들, 그리고 '우리가 지닌 모든 가능성의 소멸'을 전부 합친 총체 속의 '본질'도 당연히 존재할 것이다. 사르트르는 이 부분에 대해 다음과 같이 말했다. "한 인간은 그가 하는 행동들의 총체일 뿐이다." 그의 주장에 따르면, 신은 이 세상에 존재하지도 않고, 그 어떤 상위의 절대자도 우리로 하여금 우리의 정체와 존재의 의미를 규정짓게 만들지 못한다. 그러므로 우리는 단지 우리의 행동이 세상과 우리 자신, 그리고 타인들에게 끼치는 결과로만 남을 뿐이다. 우리는 신의 눈길 아래 살고 있지 않지만 모든 사람들의 눈길 아래 살고 있는 것이다. 우리가 우리 자신이 될 수 있는 것은 바로, 우리가 맺는 관계의 핵심에서, 타인을 통해서이다. 사르트르는 이것을 '상호주관성'이라고 이름 붙였다.

우리는 특히 청소년기에 타인에 대한 특별한 감정을 종종 경험하게 된다. 보통 이 시기에는 단조로운 나날들이 계속되며, 우리의 기대를 벗어나는 일이나 일상의 변화가 좀처럼 생기지 않는다. 하지만 내면에서는 생명력과 더불어 다양한 종류의 갈망이 끓어 넘친다. 우정과 사랑이 불쑥 솟아오르고 갑자기 흥분에 휩싸여 감정이 요동치기도 한다. 그 순간 우리는 우리 자신에서 벗어나게 되고 마침내 강렬하게 자신의 존재성을 경험한다. 사르트르는 인간을 '기투(企投, 실존 철학에서 현실에 내던져져 있는 인간이 능동적으로 미래를 향해 자신을 내맡기는 것. -역주)'하는 존재로서 정의했다. 어원적인 의미에서 볼 때 '기투projet'는 '앞'이나 '앞쪽에서'를 의미하는 라틴어 '프로pro'와 '던지다'나 '내뻗다'를 의미하는 라틴어 '야키오jácio'에서 파생한 것이다. 그러므로 '존재'라는 것은 자신을 벗어나 자신의 '앞으로' 끝없이 '던져지는' 것이다.

따라서 만남이라는 것은 특히, 내 자신을 **내 앞으로 던지는** 하나의 사건이다. 즉 만남은 나를 내 자신으로부터 벗어나도록 인도하여 내가 하나의 미래와 하나의 세계에 진입할 수 있게 해주고, 내가 단순히 존재에만 그치는 것이 아니라 하나의 다른 존재로 생성될 수 있게 해준다. 실제로 우리가 누군가를 만날 때 우리는 자신이 존재하고 있다는 감정을 느끼게 된다. 왜냐하면 우리는 만남을 통해 인간이라는 존재가 지닌 움직임 그 자체를 발견하기 때문이다. 사르트르의 말에 따르면, 바로 그것이 인간이라는 존재를 동물적인 삶과 구별시켜 준다. 다시 말해서 우리는 동물이 '있는 것'과 같은 상태로 '존재하지' 않는다. 이 말은 사르트르의 유명한 저서 『존재와 무(無)』의 제목과 똑같은 의미를 지닌다. 그의 논지에 따르면 동물들은 다른 무생물들과 마찬가지로 그저 '존재물'일 뿐이다. 그들은 그저 동물 그 자체로서 존재한다. 하지만 인간은 사르트르가 '무(無)'라고 불렀던 존재에 속해있다. '무(無)'는 아무것도 아닌 것이지만, 그와 반대로 모든 것이 될 수 있는 상태를 의미한다.

사르트르는 다음과 같이 말했다. "인간은 존재하는 것이 없으면서, 존재하지 않는 것이 있는 존재이다." 또는 "

인간은 아무것도 아닌 존재다." 즉 인간은 어떤 단일한 핵심으로 요약할 수 없는 존재라는 뜻이다. 다음과 같이 정의할 수도 있을 것이다. "인간은 존재하지 않는 상태로 있다." 그렇기 때문에 인간은 아직 자신이 되지 못했던 모든 것이 될 수도 있다. 따라서 '한 존재'에 속한다는 말이 아닌 '무(無)'에 속한다는 말은 부정적인 의미를 담고 있지 않다. 이것은 자유롭다는 것을 뜻하기 때문이다. 그러나 이런 막대한 자유가 주는 어지러움을 드러내려면 자신의 밖에서 나와야 하고 행동해야 하고 창조해야 하고 재창조해야 한다. 그리고 우리 존재에 대해 부자연스러운 정의를 내리거나, 별 근거 없이 가정한 '어떤 핵심'으로 정의를 내려서는 안 된다. 그 핵심이 유전적인 것이든 사회적인 것이든 성적인 것이든 상관없이 말이다. 우리가 만남을 끌어들일 수 있는 것도 바로 이 지점에서다. 만남은 우리 자신을 놀라게 하고 우리 자신의 위치보다 훨씬 더 먼 곳까지 우리를 밀고 가면서 우리로 하여금, 현재의 우리는 과거에 우리가 자신의 모습이라고 믿었던 그 상태가 아니라는 것을 짐작하게 만들어준다. 즉 우리는 우리가 생각했던 것보다 훨씬 더 자유로운 상태이다. 우리가 맺는 하나하나의 만남들은 우리에게, 우리가 **현재 모습 그대로** 고정되어 있지 않고 끝없이 **변화 중**이라는 것을 상기시켜 준다.

타인의 세계가 우리를 매혹시킬 때, 그리고 갑작스럽게
일어난 동요가 우리의 정체성 한복판에서 우리를 사로잡
을 때, 혹은 두 사람이 만든 공동의 계획이 우리에게 열정
을 불러일으킬 때, 우리에게 날개가 돋아난 것처럼 희망이
느껴질 때, 행동을 향한 욕망이 솟아날 때, '실존주의'라
는 단어의 의미 그대로 우리는 실존하게 된다. '존재한다
exister'라는 단어는 라틴어 '엑시스테레existère'에서 유래했
다. 이 라틴어는 '바깥에', 혹은 '나오다'라는 의미를 지닌
접두사 '엑스ex-'와 '붙잡다', '전달하다', '놓아두다'의 의미
로 쓰이는 '시스테레sistère'가 합쳐진 단어이다. 따라서 '엑
시스테레'는 어딘가에서 나오는 것, 일어서는 것, 태어나
는 것을 의미한다고 할 수 있다. 즉 존재한다는 것exister은
우리가 현재 머물고 있던 곳에서 빠져나오는 것이고, 자신
의 밖으로 벗어나는 것이며, 타인을 향해서 자기 앞쪽으로
자신을 던지는 것이다.

존재한다는 것은 의존한다는 것

이제 우리는 희곡 『사랑과 우연의 장난』에서 실비아가 하인으로 착각한 남자와 사랑에 빠졌을 때 그녀가 느낀 정신적인 혼란에 대해 더 분명히 이해할 수 있을 것이다. 그녀의 열렬한 감정은 그녀로 하여금 자신의 공적인 지위에 대해 크게 신경 쓰지 않도록 만들었고, 그녀는 결국 자신이 사회적인 존재로부터 몸을 빼냈다는 것을 알게 되었다. 그녀는 사회적인 자아의 바깥으로 나왔고, 그때서야 비로소 자신이 '밖에 있다'는 것을 느끼게 되었다.

우리는 또한 영화 〈가장 따뜻한 색, 블루〉의 한 장면에서, 아델이 길 한가운데에서 엠마를 마주치며 현기증을 느꼈던 이유도 이제 더 분명히 이해할 수 있다. 그녀는 그 순간, 완전히 존재하게 되었다. 즉 그녀는 그 순간에 덥석 사로잡혀서, 자신의 존재 밖으로, 자신의 성적인 정체성 밖으로 나오게 된 것이다.

결국 실비아와 아델은 마침내 한 인간으로서 존재하게 되었다. 그녀들이 자기 자신으로부터 나왔기 때문이다. 또한 그녀들은 자신을 본래의 자아로부터 멀리 떨어진 곳까지 이동시킨 움직임을 통해, 그 정신적인 동요의 한복판에서, 충만하게 살아있을 때 느낄 수 있는 강렬한 감정에도 도달하게 되었다.

지금까지 사르트르의 철학을 통해서 만남에 대한 실존주의적인 해석을 시도해 보았다. 만남은 모든 자기동일성의 감옥으로부터 우리가 자유롭게 풀려날 수 있도록 인도한다. 설사 그 감옥이 금빛을 띤 풍요의 감옥이라고 해도 마찬가지이다. 그저 자기 자신의 모습에 만족한 채 멈춰있는 행동에는 특유의 안락함이 도사리고 있다. 하지만 자유는 우리에게 그 안락함을 포기하라는 요구를 한다. 그것은 아마도 앞서 이야기했던 것처럼, 르네 샤르가 시적인 문장으로 표현하고자 했던 것과 그 의미가 유사할 것이다. "만약 우리가 현재 이루어지고 있는 공동의 세계 바깥에 무엇인가를 만들고 싶다면, 눈물이 글썽글썽한 채 굶주림까지 감수하며, 자신의 외부에 자신을 세워야 한다." 사르트르적인 관점에서 볼 때 인간은 자신으로부터 빠져나가면서, 자신의 자유 속에서, 순수하게 인간적인 자신의 진실 속에서, 자신에 대한 지속적인 창조의 움직임 속에서 '자신을 세우는 일'을 해야 한다. 이 말은 타인과의 만남 덕분에, 그 타인에 의해 자신을 발견하는 일이 정말 중요하다는 의미를 내포하기도 한다.

알랭 바디우는 개체주의(현실은 개체와 개물로 되어있어서 개별적인 것만이 진실이라고 보는 입장이며 보편주의와 상반된다. -역주) 철학의 한계를 비판하기 위해 이런 말을 덧붙이기도 했다. "존재한다는 것, 그것은 의존하는 것이다." 우리는 위대한 조산아들이기 때문에 타인에게 의존하고 있다. 또 우리는 신적인 본질을 지니고 있지 못하기에 타인에게 의존하고 있다. 우리는 우리의 만남과 우리의 관계 한복판에서, 상호주관성을 통해 우리를 다시 창조해야 할 필요가 있다.

그러므로 이 지점에서 다음과 같은 결론을 내리는 일이 매우 적합할 것이다. **존재한다는 것**, 그것은 의존한다는 것이다. 그리고 '의존하고 싶어 하는 일'조차도 '자신의 바깥에서' 하나의 삶을 세우는 행동이라고 할 수 있다. 만남에 대한 아름다운 수업은 사랑에 있어서도 역시 아름다운 수업이 될 수 있는 법이다. 우리의 진실은 우리들 내면에 잠겨있지 않고 우리의 '사이'에 존재하고 있다.

신에게 다가가기 위해서

키르케고르에게 있어서도 역시, '존재한다'는 것은 자신의 밖으로 나가는 것이었다. 그러나 그 행동의 목적은 자신의 자유를 쟁취하기 위해서가 아니라 신에게 다가가기 위해서였다.

실존주의의 두 가지 시각은 바로 여기서 대립한다. 사르트르가 지닌 무신론적 시각과 키르케고르가 지닌 기독교도적인 시각이 서로 맞서고 있는 것이다. 키르케고르는 흔히 '실존주의 사조의 아버지'로 회자되곤 한다. 그가 시도했던 이런 종교적인 접근은 모든 실질적인 만남이 지니고 있는 본질적인 차원을 환하게 밝혀주고 있다. 그것은 인류학적인 접근 방식이나 실존주의적 접근 방식이 실제로 해명하지 못했던 접근 방식이기도 하다. 타인과의 만남은 그 무엇보다도, 자신이 지닌 신비로움과 마주하는 일이다.

미지의 타인을 향한 도약

신자들에게 있어서의 신은 그들이 타인을 만나는 것과 같은 방식으로 만나게 되는 영적인 존재가 아니다. 신적인 존재를 직접적으로 체험하는 일은 불가능하기 때문이다. 신과의 만남에는 믿음과 관련된 행위가 필요하다. 그렇기 때문에 신과의 만남은 자신이 지닌 신비로움과의 만남이라고 해석할 수 있으며, 신앙심을 갖는다는 것은 신에 대한 믿음을 갖는 동시에, 부재하고 있는 하나의 존재를 느끼는 일이다. 즉 신의 모습을 결코 본 적도 없고 신의 존재를 감지하지도 못했지만 신의 존재성에 대해 영속적인 감정을 품는 일인 것이다. 신자들은 특별한 방식으로 이 세계와 타인들을 감지하고 있는데, 그것은 마치 자기들의 창조주라는 존재에 의해 이 세계와 타인들이 투과되고 그 거룩한 모습을 드러내는 것과 같다. 여기서 중요한 것은 선입관이나 편견을 품지 않고 타인이 지닌 신비로운 부분을 있는 그대로 받아들이는 자세이다.

신자들은 사람들과의 만남 속에서 신에 대한 자신의 사랑을 재발견한다. 그 각각의 만남들이 그에게 신에 대한 얘기를 들려준다. 또한 그 각각의 만남은 그 신적인 존재가 일으킨 기적의 일부를 표명한다고 할 수 있는데, 그 기적이 없었다면 아무것도 이루어지지 못했을 것이다. 그리고 그 기적은 신적인 창조와 신의 사랑을 내려주어서 내가 하나의 만남을 이룰 수 있게 만들어주기도 한다. 즉 신자들은 타인을 통해서, 신이 자신에게 안겨주었거나 자신이 받아들인 신의 피조물과 단 하나의 사랑을 알아보는 것이다. 이때 신의 피조물과 사랑이 선사해 준 우정과 믿음의 유대관계가 지닌 특질은 그만큼 더 고차원적인 사랑의 징표가 된다.

키르케고르의 주장에 따르면, 가장 강력한 힘을 지닌 인간 존재는 신앙이라는 이 자유로운 결정을 통해 '신앙의 도약'의 상태에 도달한다. 신자는 이 도약을 통해 신의 출현 속에서, 그리고 신의 왕국 속에서 스스로 '자신의 외부에 자리를 잡는다.' 그런데 이런 행위는 합리적인 선택과 거리가 먼 비이성적인 결정을 만들어내기도 한다. 그럼에도 불구하고 이 덴마크의 철학자는 신앙의 편에 서서 이런 식의 설명을 덧붙였다. "나는 신에게로 나를 던진다. 이렇게 나는 미지의 타인에게 도약하는 것이다. 그리고 거리낌도 없고 위험까지 무릅쓴 그 행위의 움직임을 통해 나는 완전히 존재하게 되고 내 자신이 된다." 이제 우리는 사르트르가 키르케고르에게서 물려받은 사유의 핵심에 대해 이해할 수 있을 것이다. 사르트르는 키르케고르가 말하는 '신'을 '타인들'로 대체함으로써, 신이 존재하지 않는 형태의 철학을 정립했다. 기독교도들에게 있어서와 마찬가지로 무신론을 지닌 실존주의자들에게 있어서도, 진정으로 '존재한다'는 것은 미지의 타인을 향한 도약을 필요로 하고, 타인을 향해 자신을 활짝 열어 보이는 일을 필요로 한다. 그 타자가 인간이든 신이든 상관없이 말이다.

신, 위대한 타자

마르틴 부버는 자신의 저서 『나와 너』에서 다음과 같이 말했다. "'나'라는 사람이 자신의 의미를 발견하고 자신의 진정한 삶을 살 수 있는 것은 바로 '너'가 존재하기 때문이다." 1878년 오스트리아에서 태어난 이 이스라엘 철학자는 20세기 철학 전반에 끼친 상당한 영향력에도 불구하고 그동안 충분한 진가를 인정받지 못했다. 하지만 그가 주장했던 타자성의 개념은 나중에 후설과 레비나스, 사르트르, 라캉이 이어받아 다양한 방식으로 확장시킨 중요한 이론이다.

마르틴 부버의 관점에서 볼 때, 이 세상에는 **위대한 타자**인 신이 존재한다. 바로 이 지점에서 내가 다른 사람과 맺는 하나의 관계는 우리의 인간성으로 이루어져 있으며 우리의 진실로 이루어져 있다. 그래서 나라는 사람은 '너'라는 하나의 표명 속에서 완전히 존재한다고 할 수 있다. '너'라는 존재가 신을 향하고 있는지, 아니면 한 개인을 향하고 있는지 관계없이 말이다. 나는 내가 타인에게 말을 거는 그 순간부터 나를 하나의 주체로 인식하고 있다. 이제 데카르트의 유명한 명제인 "나는 생각한다, 그러므로 나는 존재한다"는 이렇게 대체된다. "나는 너에게로 내 몸을 돌린다, 그러므로 나는 존재한다." 네가 나에게 말을 걸고 네가 나의 관심을 끌며, 네가 나를 만지기 때문에 나는 존재한다. 나는 내가 누구인지, 그리고 내가 무엇을 하며 살고 있는지를 완전히 깨닫기 위해 너와의 이 관계를 필요로 한다. 내가 너와의 대화를 통해 너에게로 내 마음을 열 때 이 행동은 너를 너의 모든 존재로부터 솟아오르게 만들고, 그와 똑같은 움직임을 통해 내가 하나의 주체가 되었다는 것을 인식하게 만든다.

우리가 마르틴 부버의 명제를 이해하려면 그의 이론의 핵심 개념을 먼저 정의 내려야 할 것이다. 그것은 바로 '정신의 실체'이다. 그런데 '실체'라는 용어는 그에게 있어서 우리 존재의 중심에 있을지도 모를 하나의 '핵심'을 가리키는 말이 아니었다. 이 '정신의 실체'는 우리 안에 존재하는 것이지만 그와 동시에 우리 바깥에 존재하는 것을 가리킨다. 즉 그것은 "우리를 우리 자신의 바깥으로 옮겨주는 움직임 그 자체"이다. 그것은 마치 우리를 타인에게로 밀어주는 하나의 힘, 하나의 추진력과 같다. 그러므로 '정신의 실체'는 사르트르가 훗날 '존재'라고 지칭하게 되는 것과 본질적으로 아주 먼 지점에 위치해 있다.

『나와 너』를 쓴 이 철학자는 다음과 같은 주장을 했다. 우리가 "타인을 향해 몸을 돌릴 때" 우리는 이 '정신의 실체'를 표현하게 되는 것이다. 그러나 이 주장을 제대로 이해하기 위해서는 이 주장의 첫 번째 의미에 대해 다시 귀를 기울일 필요가 있다. 즉 너에게로 내 몸을 돌리는 것은 하나의 활동적인 움직임인데, 이것은 동시에 나와 너를 무관심과 미확정의 상태에서 끌어내는 행동이기도 하다. 다시 말해서 너에게로 내 몸을 돌리는 행위는 내가 존재하는 하나의 방식이자 너를 존재하게 만드는 하나의 방식이라고 할 수 있다. 결국 우리의 만남은 자신의 몸을 타인에게 돌림으로써, 우리 각자가 서로에 대해 품고 있던 공통적인 자각을 통해, 우리가 가능한 한 가장 높은 지점까지 올라가 거기서 존재할 수 있도록 만들어주는 것이다.

우리는 바로 이 부분에서 레비나스의 도덕 철학이 마르틴 부버 철학의 영향을 많이 받았다는 것을 알아챌 수 있다. 내가 그 타인에 대해, 즉 내가 알지도 못하고 내 가족도 아닌 이 사람에 대해 책임을 느끼는 것은 내 모든 진심과 내 모든 영혼을 담아, 충만한 인간성 속에서 내 몸을 그의 얼굴 쪽으로 돌리는 것이다. 그러나 동물들은 이것에 대해 인식하지 못한다. 아니 적어도 이 부분에 대해서만큼은 인식하지 못한다. 인간인 나는 완전히 자유로운 상태로, 그리고 깊은 사랑과 단순함을 담아 너에게로 내 몸을 돌릴 수 있다. 왜냐하면 신은 어느 날 갑자기 자신의 존재에서 빠져나와 우리를 존재하게 만들어줄 것이고 우리를 향해 자신의 몸을 돌릴 것이기 때문이다. 게다가 '정신의 실체'에 대한 이 정의는 신에게 있어서도 가치를 지닌다. 그는 우리를 창조하면서 이미 그 점에 대해 표명한 것이나 마찬가지이다.

부버는 이렇게 주장했다. "태초에 관계가 있었다." 이렇게 해서 우리는 성서에 나오는 말인 "태초에 말씀이 계시니라"를 다른 방식으로 듣게 된다. 그런데 이 '말씀'이라는 것은 항상 누군가에게 이야기되는 것이고 또한 우리는 항상 누군가에게 말을 하게 되므로, 요한복음 설교에 나오는 이 구절은 모든 관계에 있어 첫 번째 자리를 차지해야 할 것이다. 부버가 그토록 자주 이야기했던 '참된 생명'을 드러나게 하는 것은 오로지, 만남을 통해 생성된 하나의 관계를 통해서만 가능하다. 왜냐하면 나는 내가 아닌 존재들-신이나 자연, 혹은 다른 사람들-을 향해 내 몸을 돌릴 때, 나의 내면에서 그 참된 생명이 두근두근 약동하는 것을 느끼기 때문이다.

부버의 관점에서 보면 우리는 한 남자나 한 여자와의 만남 한가운데에 있을 때도 역시, 신을 만나고 싶다는 갈망을 느낀다. 그 신은 '영원한 당신'이기 때문이다. 우리는 타인과 친밀한 접촉을 할 때 서로가 하나로 연결되었다고 느낄 뿐 아니라 사랑과 호기심, 관심, 책임감을 -그만큼 타인에게 열려있는 개방성의 움직임 속에서- 지닐 준비가 되었다고 생각하게 된다. 우리는 이런 식으로 우리가 지닌 '정신의 실체'를 외부로 표현하는 것이며, 그것이 바로 신을 만나기 위한 이상적인 길이라고 할 수 있다.

가스통 바슐라르는 『나와 너』의 서문에서 부버의 이 주장을 다음과 같이 요약했다. "우리가 지닌 정신의 실체는 그것이 우리 내면에서 우리 바깥으로 뻗어나갈 수 있을 때에만 존재한다. 정신의 실체는, 어떤 냄새나 순간적인 반짝임처럼 모호한 방식으로는 우리의 바깥에 나갈 수 없다. 즉 정신의 실체는 누군가에게 주어져야 하고 '너'라는 사람에게 말을 걸어야만 한다." 신앙을 갖고 있지 않은 사람들조차 이 '정신의 실체'가 자신의 내면에서 진동하는 것을 느낄 수 있다.

이제 우리는 마르틴 부버의 명제에서 '의미'라는 단어가 지닌 이중적인 뜻에 귀를 기울이게 된다. "'나'라는 사람이 자신의 의미를 발견하고 자신의 진정한 삶을 살 수 있는 것은 바로 '너'가 존재하기 때문이다." 이 '의미'라는 단어는 **'뜻'**을 지칭하기도 하고 **'방향'**을 지칭하기도 한다. 그러므로 나는 너를 '너'라고 부르는 행위를 통해, 그리고 너에게 말을 거는 행위를 통해 **너의 방향 쪽으로**, 즉 너라는 한 사람, 너라는 하나의 신을 향해 뛰어들면서 비로소 존재하게 되는 것이다.

창조주인 신을 믿는 행위는 만남이 지닌 힘을 생각하는 데 적합한 이상적인 틀을 제공해 준다. 만약 우리가 어떤 타인에게 우리의 존재를 빚지고 있다면 우리가 지닌 자아나 우리의 독립성으로 자신을 계속 정의하는 일이 불가능하다. 또한 타인에 대한 겸손함을 받아들이는 행위는 만남으로의 초대를 뜻하게 된다. 만남이 이루어지는 첫 순간부터, 타인은 나라는 존재에 있어 하나의 조건이 되기 때문이다. 우리의 만남들은 그 만남들이 우리 삶에 행사하는 영향력을 통해 우리를 자주 깜짝 놀라게 한다. 그러나 타인이 나의 내면에 만들어내는 그 전복적인 신비로움의 충격은 우리가 **어떤 타인의 의지**를 통해서만 생생하게 살아갈 수 있다는 것을 스스로 내밀하게 믿을 때 비로소 더 확실해진다.

"참된 삶은 만남이다." 이제 우리는 마르틴 부버의 이 주장이 일으키는 파장에 대해 더 분명히 이해할 수 있게 된다. 만약 우리가 우리 자신이 아닌 어떤 존재를 향해 **몸을 돌릴 때** 우리의 가장 심오하고 가장 정신적인 천성이 밖으로 드러난다고 한다면, 만남은 바로 그 순간에 우리의 진정한 존재성에 대한 하나의 조건이 된다. 요약하면, 만남은 우리가 존재했다는 것을 말해주는 하나의 신호이다. 또한 만남은 우리가 우리 속에 내재한 '정신의 실체'를 불러일으키고 깨어나게 했음을 드러내는 신호이기도 하다. 우리가 신자이거나 무신론자이거나, 또는 불가지론자(인간은 신을 인식할 수 없다고 믿는 종교적인 인식론으로서 이 학설은 유신론과 무신론을 모두 배격한다. -역주)라고 해도 이것은 항상 진실이다.

우리를 변하게 만드는
그 욕망들

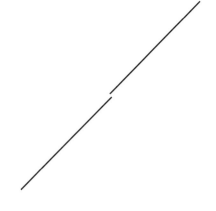

정신분석학적 해석

아직 또 하나의 질문이 남아있다. 만남이 이루어지는 지점에서, 과연 무엇이 우리를 변하게 만드는 것일까? 이에 대해 심리학자 프로이트는 언제나 새로운 대상에 고착할 준비가 되어있는 '리비도(사람이 내재적으로 갖고 있는 성욕, 또는 성적인 충동을 말한다. 프로이트 정신 분석학의 기초 개념이다. - 역주)'라는 생생한 에너지의 존재를 규명함으로써, 인간의 본질이라고 할 수 있는 변모의 힘에 대해 독창적인 해석을 내놓았다.

하지만 플라톤은 이미 『향연』에서 인간의 욕망에 있어서 무의식적인 대상(영원성)에 대해 환기한 바 있다. 라이프니츠 역시 『신 인간지성론』에서 '무의식적이고 미세한 인식들'에 대해 언급했다. 니체 역시 프로이트가 첫 번째 저서를 내기 몇 년 전에 이미 『차라투스트라는 이렇게 말했다』를 통해 심리적인 활동의 본질이 무의식적이라는 것이라는 것을 이야기했다. 따라서 프로이트의 진정한 발견은 무의식 그 자체에 있는 게 아니라 무의식적인 활동에 있다고 할 수 있을 것이다. 특히 니체는, 프로이트가 자신의 이론을 발표하기 전에 이미 무의식적인 활동에 대한 직관을 갖고 있었다.

무의식적인 심리 에너지, 리비도

프로이트는 무의식적으로 나타나는 그 심리 에너지에 '리비도'라는 이름을 붙였다. 그의 가설에 따르면 이 심리 에너지는 비사회적이고 성적이거나 공격적인 충동이 억압될 때 생겨난다. 그 억압은 기본적으로 유년기에 몇 년간 나타나지만, 우리가 문화적으로 금지된 것들을 억누르게 되면서 평생 우리를 쫓아다닌다. 그런 충동들이 억제된 것이든 아니면 프로이트가 말한 것처럼 억압된 것이든, 완전히 사라지지 않는 것이다. 이 말은 우리가 그 충동에 대해 의식하는 행위를 스스로 더 이상 허용하지 않는다는 것을 의미한다. 그 충동들은 그것들을 표현할 방식을 찾아 헤매는 어떤 에너지의 형태로 계속 존재하고 있지만 언제나 억눌린 상태에 놓여있다. 마치 압력솥 안에 갇혀있는 것처럼 말이다. 그 충동들은 솥 내부에서 부글부글 끓고 있는 밥알갱이들처럼 끝없이 자기의 권리를 요구한다. 리비도는 우리 인간들이 문명의 주체가 된 이후로, 그리고 우리가 인간의 타고난 공격성을 어느 정도 포기한 이후로, 우리 내면에서 계속 작용하고 우리를 움직이게 만든다.

우리가 누군가를 만날 때 우리의 리비도는 여러 가지 방식으로 표현될 수 있다. 즉 직접적인 방식으로는 성적인 욕망이나 특정한 공격성의 형태로까지 나타나기도 하고, 간접적인 방식으로는 우리가 지닌 관심사나 우리의 호기심, 이상적인 사랑에 대한 충동의 형태로 나타난다. 프로이트는 이 두 번째 경우를 '승화'라고 불렀다.

자신의 리비도를 승화시키는 것은 억압되어 있는 성적 충동을 성적이지 않은 것으로 대체하여 만족시킨다는 뜻이고, 억압되어 있는 공격적인 충동도 공격성을 띠지 않은 것으로 대체하여 만족시킨다는 뜻이다. 우리가 예술적인 창조 활동을 하거나 미학적인 감동에 휩싸이게 됨으로써, 또는 지적인 탐구를 함으로써 우리의 리비도적인 에너지를 승화시킬 수 있는 것과 마찬가지로, 우리는 타인을 향해 어떤 고결한 감정을 품는 행위를 통해 리비도적인 에너지를 고양시킬 수 있다. 조르주 상드와 알프레드 드 뮈세를 연결해 주었던 것과 같은 격정적인 사랑이라든가, 피카소와 엘뤼아르를 이어주었던 것과 같은 '숭고한' 우정의 경우도 그런 고양의 본보기이다. 혹은 타인을 향한 헌신이나 타인에게로 향하는 정신적인 도약, 자신을 둘러싼 세계에 대한 열정적인 호기심 등을 통해서도 가능하다.

　　이런 승화 작용은 우리가 타인에 대해 느낄 수 있는 매혹의 근거가 되는 동시에 -그 매혹에 뒤따르는 가장 고결한 감정들과 함께- 우리가 타인과의 접촉으로 경험하게 되는 내적인 변화의 근거도 될 수 있다. 즉 리비도는 변모의 힘이라고 할 수 있다. 어떤 억압으로 인해 생겨난 리비도는 우리가 그것을 **세련된 방식으로 변모시키는 과정**을 거친 후, 제 스스로 그 위에 **고착될 수 있는 대상들**, 리비도의 에너지를 쏟아 부을 대상들을 찾아내려고 대기한다. 바로 이런 식으로 리비도는 우리 내면에서 변화를 만들어내는 것이다.

프로이트의 이 가설은 우리의 만남이 만들어내는 변화들 속에서 어떤 일이 일어나고 있는지를 해명해 준다. 우리가 타인과의 접촉을 통해 우리의 재능을 발전시킬 때 그리고 우리가 세상에 대한 새로운 시야의 창을 열어젖힐 때, 우리는 예전보다 더 정신적이고 더 낭만적인 상태가 되며 더 강한 존재의식을 갖게 되고 더 의욕적인 상태가 된다. 그것은 바로 우리의 리비도가 지닌 승화된 에너지 덕분이라고 할 수 있다. 문명화된 동물인 우리 인간의 '참된 삶'은 바로 이 지점에서, 즉 우리의 충동을 통해서가 아니라 우리가 그 충동들을 승화시키는 방법을 통해서 발견되는 것이다.

리비도가 지닌 힘이 우리를 타인 쪽으로 밀어준다고 할 때, 여기에는 우리의 만족을 위한 대상으로 타인을 취급하며 그 가치를 축소시키는 위험이 도사리고 있다. 하지만 승화는 그 위험 역시 막아준다. 타인들과의 접촉을 통해 우리 자신을 재발견하게 해주고 그들과 새로운 역사를 쓰게 만들어주며, 짧게 요약하자면 그들을 진정으로 만날 수 있게 해주기 때문이다.

동일화, 그리고 끝없이 이어지는 실패

더욱이 프로이트는 타인과의 관계성 속에서 또 다른 결정적인 현상 하나를 해명하기도 했다. 그것은 바로 '동일화'이다. 우리는 우리 자신이 되기 위해, 끝없이 이어지는 타자성의 형상과 우리의 모습을 동일시할 필요가 있다.

우선 프로이트는 어린 아기가 자기 자신과 엄마를 동일시한다고 말했다. 아기는 엄마에게 밀착해서 엄마의 가슴에 완전히 파묻힌 채, 자기가 엄마인 것처럼 여기며 자신과 엄마를 혼동하기도 한다. 이런 동일화는 하나의 흉내 이상의 것을 의미한다. 동일화는 융화와도 상당히 유사하지만 융화와는 달리 일시적으로 나타난다는 점에서 다르다. 사실 아이가 자신의 존재를 엄마와 구별하게 되고 엄마로부터 '떨어져나간 후', 또 다른 모습의 인물과 자신을 동일시하게 될 결정적인 시기도 조만간 찾아올 것이다. 예를 들면 그 이후에 아빠와 자신을 동일시할 수도 있다. 그리고 누군가를 만날 때마다 아이가 동일시하게 되는 새로운 대상이 이전의 대상을 지우게 될 것이다.

대개의 경우, 동일화는 이런 식으로 이어진다. 아이의 누나, 아이의 가장 친한 친구, 선생님, 엄마의 가장 친한 친구 등등……. 그런데 각각의 만남이 이어질 때마다 아이에게는 똑같은 도식이 무의식적으로 생겨난다. 즉 아이는 새로운 누군가를 만날 때 자기가 동일시할 하나의 형상을 받아들인 후, 그 형상으로 하나 이상의 모습을 만들어내지 않는다. 자기가 그 사람과 동일 인물이 아니라는 것을 깨닫기 전까지 말이다. 이런 시도는 계속 불발에 그치고, 아이는 다른 사람이 되는 일에 실패한다. 하지만 그런 시도를 통해 아이는 자신의 모습을 조금 더 찾을 수 있게 된다. 즉 '나'라는 사람은 이런 동일시와 더불어, 계속되는 동일시의 실패를 체험하는 놀이를 통해, 단 하나의 독특한 유일성 속에서 정립되는 것이다. 그런 후에는 점진적으로 자신을 하나의 주체로 인식하게 된다. 프로이트는 『새로운 정신분석 강의』에서 다음과 같은 결론을 내렸다. "동일화는 타인과의 관계에서 가장 중요한 양상이며, 필시 가장 본래적인 양상이라고도 할 수 있다."

　타인을 만나지 않고는 자신이 되는 일이 불가능하다는 가설은 이와 같이, 어느 날 갑자기 새로 등장했다. 그런데 내 자신이 되기 위해서는 무엇보다도 먼저, 자신을 타인이라고 생각해야 한다. 그런 과정을 거친 후에야 비로소 나는 그 사람이 아니라는 것을 이해할 수 있는 것이다. 그래서 나는 똑같은 움직임의 과정을 거쳐서 타인(내가 동일시하는 사람)과 나 자신(내가 그 타인이 아니라는 것을 깨닫게 될 때의 자아)을 만난다. 보리스 시륄니크가 도라 이모의 친구였던 에밀 아저씨와 자신을 동일시했을 때, 그는 일정한 시간 동안 자신이 에밀과 같은 사람이라고 여겼을 것이다. 그래서 그는 그의 무의식 속에서, 이런 동일시의 과정 한가운데에서 에밀이 되었다. 게다가 그는 에밀이 가장 흥미를 느끼는 분야들(과학, 럭비 등등)까지 자기 것으로 만들었다. 그는 그 분야들 속으로 뛰어들었고 그것들은 어느새 그의 고유한 열망이 되었다. 하지만 그가 점점 나이를 먹고 성장하게 되면서 연속적인 동일시의 과정들이 이어졌고, 특히 학급 친구들을 만나게 되면서 그는 비로소 진정한 보리스가 되었다. 그도 에밀처럼 럭비를 시작했지만 그는 자신의 고유한 재능을 살려서 에밀의 포지션과 다른 포지션에서 경기장을 누볐다. 또한 그도 역시 에밀처럼 과학자가되었지만 에밀의 분야와 다른 분야인 정신의학을 전공해서 신경정신과 의사가 되었다. 에밀이 된다는 것은 애당초불가능한 일이었기에 그는 그 자신이 된 것이다.

"당신 자신이 되세요, 나머지는 이미 다른 사람들의 몫이니까요." 우리는 오스카 와일드가 남긴 이 근사한 말을알고 있다. 그럼에도 불구하고 프로이트는 우리에게, 자기자신이 되기 위해서는 타인을 위해 시간을 할애하는 것도유용하다는 사실을 증명해 주었다.

마르틴 부버는 『나와 너』에서 '한 개인'과 '한 사람'의개념을 구별했다. 그는 타인들과의 관계에서 독립적인 우리의 한 부분을 '개인'이라고 지칭했으며(우리는 '개인으로서' 태어난다), 타인들과의 관계에서 정립되고 그렇게 해서자신의 '정신적인 본질'을 표현하는 주체를 '사람'이라고지칭했다. 그러므로 우리는 태어나는 순간 '개인들'이 되는 것인데, 이 개인들은 '사람들'이 되기 위해 타인을 향해몸을 돌릴 필요가 있으며, 자기의 호기심과 사랑을 통해그 타인들과 자신을 연결할 필요가 있다. 마르틴 부버는

1923년에 『나와 너』를 출판했다. 그런데 같은 해에 프로이트의 저서 『자아와 이것』도 세상에 나왔다. 게다가 그 두 사람 모두 비엔나에 살고 있었고 심지어 가까운 곳에 사는 이웃이기도 했다. 그들의 서신 교환에서 두 사람이 서로에게 밝혔던 관점의 차이에도 불구하고 -부버는 신자였던 반면에 프로이트는 종교라는 것을 하나의 '보편적인 강박 신경증'이라고 정의했다- 두 사상가는 타인과의 관계에 대한 이 문제에 있어서, 사람들에게 놀라움을 주는 각자의 방식에 의해 서로 마주쳤다. 즉 타인과의 만남은 정신분석학자와 신비주의자 모두에게 있어서 인간적인 모험의 중심에 위치했다.

어린 시절의 만남이 남긴 것

우리는 프로이트의 연구 성과 덕분에, 우리가 종종 어떤 특정한 사람에게 품게 되는 기이한 매혹에 대해 해명할 수 있게 되었다. 특히 우리의 어린 시절에, 더욱이 지금으로부터 까마득하게 먼 유아기 때 만났던 사람과의 관계가 그런 경험을 맞닥뜨리게 해준다.

데카르트는 1647년 6월 6일에 샤뉘에게 쓴 편지에서 다음과 같은 이야기를 들려주었다. "어렸을 때 나는 나와 동갑인 한 소녀를 좋아하게 됐어요. 그런데 그녀는 약간 사팔눈을 갖고 있었죠. 무슨 영문이었는지는 모르겠지만 초점을 잃은 그녀의 눈을 보고 있노라면 내 머릿속에 무엇인가가 시각적으로 그려지는 듯했어요. 그 특별한 인상은 그런 느낌을 자아내는 그녀의 이미지와 너무나 가까이 합쳐져서, 내 마음 속에 사랑의 열정이 피어나는 것을 느낄 정도였죠. 그런데 오랜 시간이 흐른 후에 나는 내가 평범한 눈을 가진 사람들보다 사팔눈을 가진 사람들에게 더 끌린다는 것을 느끼게 되었어요. 다른 사람들과 비교했을 때 그들이 가진 결점은 오직 그것뿐이었어요. 그렇지만 왜 그런 끌림을 느끼는지 그 이유를 알 수 없었죠."

이렇듯 우리는 모두, 어린 시절에 만났던 사람들에 의해 깊은 인상을 받게 된다. 인생 초반의 이 만남들은 우리 마음속에 영구적으로 새겨지게 되고 그 후에 이어질 만남들에까지 영향을 끼친다. 우리의 감수성도 하나의 역사를 갖고 있어서, 이 역사 속에서 인생의 초기에 느낀 감수성이 미래의 감수성을 결정짓는다. 프로이트는 우리가 어린 시절에 느꼈던 감정이라든가 경험한 것들의 대본을 가지고 있고, 성인이 되었을 때도 그 대본대로 행동하게 되는 것이라고 설명했다. 그래서 우리는 어린 시절의 세계와 흡사한 것들, 잘 알고 있어서 익숙하고 편안한 감정을 느끼게 해주는 것들에 끌린다는 것이다. 그런 끌림은 데카르트가 간파했듯 무의식적인 것이기는 하지만, 한편으로는 놀라울 정도로 근대적인 것이기도 하다.

어린 시절에 우리가 지닌 리비도의 에너지는 우리의 환경을 이루는 것들에 고착되게 마련이다. 데카르트의 경우에는 그 에너지가 그 어린 소녀의 얼굴에 고착되었는지도 모른다. 우리의 요람 위로 빙글빙글 돌고 있던 장난감 모빌의 모양, 방 안에 있던 커튼의 주름, 우리를 돌봐주었던 유모의 약간 각진 턱, 엄마 가슴의 둥그스름한 모양……. 이 모든 것들이 우리가 어른이 되었을 때 끌리게 되는 것들의 이유를 설명해 줄 것이다. 즉 어떤 특정한 모양에 대한 끌림, 어떤 아름다운 스타일에 대한 끌림, 심지어 육체의 특정한 부위에 대한 끌림도 존재한다. 이런 것들은 나중에 성인이 된 후 성적인 욕망을 자극하는 강박증이 될 수도 있다. 우리는 우리의 리비도가 고착되었던 그 첫 번째 대상들과, 우리의 마음이 처음으로 요동쳤던 그때를 계속해서 연결시키려는 경향을 갖고 있다.

또한 세상에 잘 알려진 오이디푸스 콤플렉스 이론도 어린 시절의 경험이 남긴 강렬한 흔적과 영향력에 대해 해명해 준다. 프로이트가 주장한 이론에 따르면, 우리는 자기와 반대되는 성별의 부모에게 성적으로 끌리게 되며 자기와 같은 성별의 부모에 대해서는 경쟁의식을 느낀다. 그래서 우리는 자기가 첫 번째라는 독점적인 사랑을 즐길 수 있도록, 자기와 같은 성별을 지닌 부모의 죽음을 무의식적으로, 그리고 상징적인 형식으로 바라게 된다고 한다. 이런 오이디푸스 콤플렉스는 우리가 자기와 반대되는 성별을 지닌 부모의 사랑을 나머지 부모와 '공유하는 일'을 무의식적으로 받아들이게 될 때 해결된다. 즉 우리는 자기와 같은 성별의 부모를 또 다른 방식으로 사랑함으로써 우리의 욕망을 충족시킬 수 있다.

그러다가 성인이 되어 사람들을 만나게 되면서, 우리는 사랑의 열정이나 우정으로 엮인 만남들을 통해 질투의 흥분을 경험하기도 하고 타인에게서 버림받을지도 모른다는 두려움에 사로잡히게 되기도 한다. 그러면 우리는 스스로 의식하지도 못한 채 이 오이디푸스의 연극 장면 속으로 걸어 들어가게 되고, 우리의 폭력적인 감정이 만들어내는 광기에 휩싸일 위험에 빠져들기도 한다.

물론 오이디푸스 콤플렉스가 인간 조건의 보편적인 진실로 받아들여지기를 원했던 프로이트가 사람들의 비난을 받았던 것은 충분히 수긍할 만한 일이다. 아버지와 어머니라는 인물을 둘러싼 구조가 뚜렷하게 확립되지 않은 특정한 문화권에서는 그의 이론이 실질적인 울림을 전혀 일으키지 못했기 때문이다. 그럼에도 불구하고 프로이트는 데카르트의 일화에 나타난 이미지를 경유하여 수많은 사상가들과 작가들이 인정했던 사실을 이론으로 정립했다는 점에서 선구자로 남을 것이다. 본래 우리의 만남들 속에는 만남의 초기에 나타나는 징후들이 숨어있지만 우리는 대개 그것에 대해 의식적인 기억조차 갖고 있지 않다. 바로 거기에서, 우리가 이미 알고 있던 무엇인가와 연결된 기이하고도 수수께끼 같은 느낌이 솟아난다. 그리고 때로는 그 느낌에 뒤따르는 것이 무지의 감정이라 우리는 그것이 무엇인지 알 수 없는 것이다.

오브제 프티 아

프로이트는 엄마로부터 분리된 아이에게 가해진 폭력성의 문제에 대해서도 어떤 직관을 갖고 있었다. 나중에 자크 라캉이나 영국의 정신분석학자 멜라니 클라인은 연구를 통해 우리에게 그 폭력성의 실체를 다시 확인시켜 주었다. 자크 라캉의 주장에 따르면 인생에서 최초로 체험한 엄마와의 일치감이 돌연 중단되는 것은 마치 언어의 습득을 통해 갑자기 아기에서 아동이 되는 것과 상응하는 큰 사건이라고 한다. 그것은 아이에게 있어 강제적인 분리처럼 체험될 것이다. 또한 엄마로부터의 그 갑작스러운 분리는 앞으로 결코 채워지지 않을 하나의 결핍을 만들게 될 것이고, 그 결핍을 만족시켜 줄지 모르는 어떤 욕망의 대상을 끊임없이 찾게 하는 행동의 시발점이 될 것이다.

자크 라캉은 우리 내면에서 그런 결핍을 채우기 위해 마련된 **욕망의 대상, 그러나 결코 현실화시킬 수 없는** 그 대상을 '오브제 프티 아objet petit a'라고 불렀다. 그것은 마치 나와 엄마의 분리를 통해 움푹하게 남겨진 어떤 흔적과도 같은 것이다. 라캉은 이런 가설을 통해 우리 인간을 **욕망하는 존재들**로 설정했다. 즉 인간은 만족시키기가 불가능한 사랑의 욕구에 사로잡혀 있을 뿐만 아니라, 삶에서 주어지는 모든 만남들을 향해, 세상을 향해, 타인을 향해 몸을 돌려서 그 모든 것들에 대해 알고 싶어 하고 창조하려고 하는 존재들이라는 것이다.

실제로 우리에게는 이런 일이 종종 일어나곤 한다. 예를 들어 우리는 사랑에 빠질 때, 어린 시절에 엄마에게서 느꼈던 그 본연의 일치감을 다시 찾은 것 같은 느낌을 받게 되며, 그런 느낌이 사실이라고 믿을 수밖에 없게 된다. 그러나 우리는 그것이 사실이 아니라는 것을, 한 명의 성인이 그런 식으로 사랑을 하고 사랑을 받는 게 아니라는 점을 인정해야 한다. 이와 같이 우리의 만남들은 욕망의 대상인 '오브제 프티 아'를 찾아 헤매고, 그것의 부재는 우리의 삶을 열정적으로 만들어준다. 당연하게도 타인에 대한 우리의 갈증은 영영 해소될 수 없는 성질을 띠고 있다.

프로이트의 가설은 다음과 같은 방식의 가정에도 적용될 수 있을 것이다. 우리는 우리의 어린 시절로부터 나온 아이들이자, 우리 부모님의 어린 시절로부터 나온 아이들이기도 하다. 이 말은 우리가 우리의 오래된 가족사로부터 흘러나온 가계도를 물려받았다는 뜻이다. 그 결과 우리가 인생을 살면서 만들어내는 만남의 방식은 가족사에 의해 영향을 받는다. 즉 우리의 부모님이 우리의 탄생을 원했든 원하지 않았든 그것과 상관없이, 우리를 이 세상에 태어나게 한 우리 부모님 두 사람의 만남, 그리고 시간을 훨씬 더 거슬러 올라가서 우리의 조부모님 두 분이 겪었던 일들이 우리의 내적이고 심리적인 유산을 형성한다.

하나의 예를 들어보자. 한 남자는 자기가 사랑하는 여자들을 왜 그렇게 철저하게 배신하게 되고, 결국 그녀들을 잃게 되는 것인지를 이해할 수 없다. 하지만 이 '선천적인' 행동은 어쩌면 그의 할아버지가 알고 지냈을지 모르는 여자관계로부터 연유한 것인지도 모른다. 그런데도 우리는 우리의 그런 만남들이 지닌 의미와 영향력을 이해하지 못할 때가 많다. 왜냐하면 그것들은 무의식적인 유산의 영역이기 때문이다. 인간이라는 동물 종의 '참된 삶'은 바로 이런 실체를 숨기고 있다. 우리의 인생은 단 한 사람의 개인적인 인생이긴 하지만, 가족의 역사 속에, 혈통 속에 묶여 있는 인생이기도 하다.

라캉은 이 가정에서 멈추지 않고 더 나아가, 우리가 본래 갈망했던 것들이 우리의 실질적인 욕망이라고 주장했다. 그의 표현을 그대로 쓰자면 그 욕망은 '우리의 사건'이다. 그 욕망은 우리의 과거로부터 이어져 내려온 유산이자, 우리의 옛 가족사가 운명이라는 힘을 이용해 우리에게 부과한 것이다. 그러므로 나의 심오한 욕망-이를테면 직업적인 성취를 이루고 싶고, 잘나가는 누군가처럼 유명해지고 싶고, 예술적인 성공을 이루고 싶은 욕망 등등-은 내가 경험하게 될 만남들과 내 정신적인 의지에 달려있다기보다는, 나의 과거에 일어났던 모든 일들과 내 어린 시절의 일들, 그리고 내가 태어나기도 전에 일어났던 일들에 달려있다고 할 수 있다. 우리는 가족의 운명이라는 그물에 사로잡힐 수밖에 없고, 그 운명은 우리 인생에서 가장 특별한 만남들조차 이 그물에서 빠져나가게 하지 못할 정도로 강력한 힘을 동원해서, 우리의 삶을 결정짓게 될 것이다. 고작해야 그 만남들은 우리가 그 욕망에 다가갈 기회를 제공한다거나, 이미 거기에 존재하고 있는 욕망에 귀를 기울일 수 있는 기회를 제공할 뿐이다. 그 욕망은 우리의 가족사가 우리의 몸에, 혹은 우리의 무의식 속에 이미 새겨놓은 것이다. 따라서 우리가 누군가와 연애를 할 때 타인이 지닌 그 유일성과 마주하는 일은, 과거로부터 이어져 왔고 가족의 모든 역사가 들어있어서 무거워진 그 가계도의 반복성과 대적할 만한 무게를 지니지 못한다. 만약 각자가 마치 운명처럼 자기의 욕망도 물려받은 것이라면, 또한 각자가 그렇게 물려받은 무의식에 의해 행동한다고 한다면, 사실 여기서의 만남은 이루어질 수 없다.

프로이트와 라캉의 연구에서 나온 이런 해석들이 지나친 비약인 것처럼 느껴질지 모른다. 당연한 말이지만, 우리의 과거가 우리 삶의 조건으로 작용할 수는 있겠으나, 그렇다고 그것이 우리 삶을 완전히 결정지을 수는 없다. 하지만 우리 가족의 과거와 역사를 아는 것, '운명'이라고 가정해 놓은 그것이 우리 내면에서 작동하는 방식을 분석하는 것은 실제로 우리 만남에 좋은 영향력을 끼칠 수도 있다. 또한 우리로 하여금, 그 만남들을 더 환하고 더 자유로운 방식으로 만들 수 있도록 도움을 줄 수도 있다. 따라서 우리가 과거에서 물려받은 조건들을 분석하고 이해하는 것은 온전히 자유로워지기 위한 첫 발걸음이라고 여겨야 한다.

물론 정신분석학은 과거의 일에 지나치게 집중하는 면이 있어서 자주 비판받기도 했다. 하지만 우리가 어디서 왔는지를 모른다면 어떻게 미래에 대한 방향을 설정할 수 있겠는가? 이런 점에서 우리의 가장 중요한 만남들은 우리에게 두 가지 문제를 상기시킨다. 첫 번째로 그 만남들은 우리의 모든 과거를 이용하여 우리를 사로잡고는, 우리가 무의식적으로 그 과거를 떠올리게 만든다. 그런 다음에는 미래를 향해 우리를 내동댕이친다. 두 번째로 그 만남들은 우리가 항상 잡다한 본질을 지니는 우리의 욕망에 대해 더 분명히 이해할 수 있는 기회를 마련해 준다.

우리의 욕망은 부분적으로는 우리의 과거가 만들어낸 산물이고 부분적으로는 우리의 만남들이 빚어낸 작품이라고 할 수 있다. 욕망은 하나의 유산이며 그와 동시에 하나의 기반이기도 하다. 그러므로 완전히 실질적인 만남은 바로 자신의 욕망과의 마주침이다.

자신을 알기 위해
타인과 만난다는 것

우리가 아리스토텔레스와 사르트르, 부버, 그리고 프로이트의 주장을 살펴보면서 깨닫게 된 하나의 아름다운 명제가 있다. 그것은 만남이 특정한 변화를 일으키는 저력을 지니고 있다는 것이다. 하지만 우리는 마음속에서 들려오는 이런 비판의 목소리도 받아들일 줄 알아야 한다. 내 개인적인 발전을 위한 수단을 타인에게서 찾을 수 있다고 했을 때, 어쩌면 나는 내가 좀 더 완벽해지기 위해 타인을 도구로 삼고 있는 것은 아닐까? 또한 나는 유일무이한 그와 나의 차이점 속에서, 또 그의 타자성 속에서 그를 만나지 않고, 단지 우리 관계에서 가장 달콤한 것만을 취하기 위해 그를 나의 세계 속으로 **동화시키는 것**은 아닐까? 한마디로 내가 지금 우리의 만남을 망치고 있는 건 아닐까?

나에 의해 동화된 타인

우리는 동시대의 철학자 프랑수와 줄리앙이 쓴 책『왜 이제 '너를 사랑해'라고 말해선 안 되는가?』에서, 그의 문장으로 다듬어진 비판을 살펴볼 필요가 있다. "하나의 만남이 정착되기 시작할 때 이 만남은 하나의 관계가 된다. 타인은 더 이상 예전의 그 타인이 아니다. 그는 나에 의해 동화되고 나의 관점 속으로 진입하게 된다. 만남은 이제 자취를 감춘다. 하나의 관계 속에 묻히는 것이다. 훌륭한 소설 작품들은 이것에 대해 분석하여 이야기로 만드는 방식을 터득하기도 했다. 만남이 하나의 관계로서 정착될 때 타자성은 사라져 버린다. […] 바로 그런 이유로 만남을 통해 타인이 본래의 모습을 유지하는 것이다. 만남의 속성은 우리의 세계가 *타자의 세계가* 지닌 그 과잉으로 인해 범람할 정도의 상태가 된다는 점이다. 아마도 그 이유 때문에 고전 철학이 만남에 대해 더 많은 사유를 하지 않았을 것이다. 왜냐하면 고전 철학은 주체의 자율성에 대해서만 깊이 파고들었기 때문이다. 우리에게서 만남을 빼앗아 간 것이 바로 그 주체의 자율성이다."

프랑수와 줄리앙은 '만남(내가 동류로 간주하지 않는 타자성을 지닌 것)'과 '관계(서로 관련을 맺는 것, 내가 그것을 통해 성장할 수 있는 것)'를 구분했다. 그의 주장에 따르면 만남은 자기의 동일성이 박탈되는 과정을 촉진한다. 왜냐하면 나와 타인의 차이점이 불쑥 튀어나오는 것을 마주할 때 우리는 더 이상 예전의 우리가 아니기 때문이다. 따라서 '하나의 관계에 들어서는 일'은 하나의 만남으로 인해 압도당하는 일만큼 중요한 문제가 아니다. 즉 하나의 관계에 들어서는 일은 근원적인 상대방의 타자성을 발견했을 때 충격을 경험하는 것만큼 중요한 문제가 아니다. 이렇게 해서, 그가 쓴 책의 제목에 담긴 의미가 밝혀졌다. 즉 '나'였던 사람은 만남이라는 하나의 현상 때문에 이제 더 이상 같은 사람이 아니라는 뜻이다. 만남이 빚어낸 대혼란과 경탄의 감정으로 인해 나라는 사람의 정체성은 그만큼 더 상실되었다.

그래서 '나'라는 사람은 나에게 익숙한 현실 세계로 더 이상 돌아갈 수 없다는 뜻이다.

그럼에도 불구하고 내가 타인과 관계를 맺는다는 생각은 나를 성장시키고, 내 자신에 대한 어떤 거대한 인식을 나에게 가져다준다. 바로 그 생각이 우리로 하여금, 이 책을 통해 철학적인 성찰을 하도록 인도해 주었다. 그 철학적 성찰은 프랑수와 줄리앙이 책 속에서 규탄했던 바로 그 사유일 것이다. 그는 "**타인은** 더 이상 *예전의 그 타인*이 아니다"라는 말을 했다. 왜냐하면 그 타인은 "나에 의해 동화되었기" 때문이다. 그는 이 말을 함으로써, 일반적인 견지에서의 서양 고전 철학, 특히 헤겔의 철학에 활을 겨누었다. 왜냐하면 헤겔의 변증법적 철학 이론에 따르면 주체의 생성과정 속에서 타인이 지닌 차이점이 **맨 마지막에** 합쳐지기 때문이다. 실제로 타인이 지니는 그 차이는 결국 "그 자신의 관점 속으로 흘러들어가게 된다." 왜냐하면 그는 타인과의 접촉을 통해 정립되고 있는 상태이기 때문이다.

우리가 만남의 가장 객관적인 징후로서 '변화'를 고른

다면 우리는 헤겔의 철학 이론을 그대로 받아들이는 입장에 서게 된다. 우리는 앞서 이 철학자의 방식을 이용하여 알베르 카뮈와 마리아 카자레스의 만남을, 그리고 피카소와 엘뤼아르의 만남을 살펴보았다. 카뮈는 마리아와의 접촉을 통해 큰 변화를 경험했다. 타인의 타자성을 마주한 후 느꼈던 그의 경탄은 단지 그들이 이어갈 경이로운 관계의 첫 단계일 뿐이었다. 그 후로 그 관계는 카뮈에게 삶의 자양분을 제공했고 그를 성장시켰다. 피카소도 역시 엘뤼아르와의 접촉을 통해 변화했다. 피카소는 엘뤼아르가 지닌 그 차이에 대해 감탄했고 곧바로 그것을 자신의 세계와 통합시켰으며, 나중에는 그것을 자기의 것으로 흡수했다. 그렇게 해서 그는 예술가이자 한 인간으로서 사회적인 문제에 참여했고 더 나은 모습으로 변신했다.

자신에게 도달하기 위한 가장 빠른 길

우리가 이 책에서 이용했던 사유의 길잡이는 헤겔의 철학과 매우 가깝다고 할 수 있다. 즉 변증법적이라는 의미이다. 변증법 이론은 우리에게 이 말을 다시 들려준다. 자기 자신이 되기 위해서는 자신이 아닌 존재와 만나야만 한다. 게다가 『정신현상학』을 쓴 이 저자는 "자신에게로의 회귀"라는 말을 쓰기도 했다. 그의 사유에 따르면, 신성한 절대자인 신조차 자연이 주는 타자성의 경험을 한 후에 자신의 진실을 더 잘 파악했다고 인식하며 자신에게로 돌아왔다. **'자신의 밖으로'** 향하는 이 움직임에 의해 처음으로 영향을 받는 것이 '만남'이라고 한다면, 비록 내가 일정한 시간 동안 너에게 매료된다고 할지라도 내가 **내 자신에게로 돌아가는** 순간은 꼭 돌아오게 마련이다. 나는 바로 그때 그 만남을 나의 역사 속에 통합시키게 되고, 바로 그때 그 만남을 통해 나의 내면에서 나를 위한 무엇인가를 만들어 내는 것이다.

그런데 프랑수와 줄리앙의 관점에서 보면, 만남에 대한 이 개념은 주체의 생성 과정에만 과하게 초점을 맞추는 서양 철학의 징후를 보여준다. 즉 '만남'의 개념을 끝없이 **'변증법적으로'** 발전시키려고 하거나, 하나의 관계를 맺기 위한 도구로 만들려고 했다는 뜻이다. 그렇다면 서양인들에게 있어서는 타인을 그의 완전한 타자성 속에서 유지시키는 일이, 그리고 타인에게 그의 진정한 자리를 내어주는 일이 꽤 어려운 일일지도 모른다.

물론 프랑수와 줄리앙의 이런 급진적인 비판은 전통적인 서양의 사유가 지니는 한계를 드러냈다는 점에서 그 공적을 인정할 만하다. 인간의 자율적인 인식이나 그 인식의 소유자와 마찬가지로 인간이라는 주체에 대한 정의는 확실히, 타인을 만나기 위한 초대장이 될 수 없다. 사실 데카르트가 남긴 그 유명한 코기토(데카르트 철학의 토대가 된 라틴어 명제 '코기토 에르고 숨Cogito, ergo sum'의 약칭. -역주) "나는 생각한다, 그러므로 존재한다"는 우리가 앞에서 살펴보았듯이 타인이라는 존재를 어느 정도 허용한다는 의미를 내포하고 있다. '철학의 아버지'로 칭송 받는 소크라테스의 사유도 비슷한 맥락이라고 할 수 있다. 이 철학자가 타인이 지닌 타자성의 실체를 정말로 마주쳤던 것처럼 보이지는 않지만, 자신의 이성적 사유를 증진시키는 데 유용한 여러 가지 추론들을 많이 내놓은 것은 사실이다.

그렇지만 이 지점에서 헤겔을 비판하기는 어렵다. 타자성의 경험은 그의 철학에서 중심적인 자리를 차지하고 있기 때문이다. 게다가 헤겔의 철학에 있어서 타인이 지닌 차이는 그것을 오직 자신에게 통합시켜야 하거나 동화시켜야 하는 것으로 받아들이는 관점과 거리가 멀다. 오히려 우리는 헤겔의 철학을 통해, 우리의 인간성을 이루는 하나의 결핍에 대한 사유를 발견할 수 있다. 그의 연구 주제는 플라톤에게 있어서처럼 '영원성'도 아니었고 프로이트에게 있어서처럼 '사랑'도 아니었다. 그의 주제는 타자성 그 자체였다. 인간의 특징들 중 하나는 타인을 만나고 싶다는 그 억누를 수 없는 욕구이다. 만남이라는 것은 참으로 '자신으로의 회귀'를 유도하며, 자신에 대한 인식과 자신에 대한 식별의 과정을 그 특성으로 지니고 있다. 그런데 프랑수와 줄리앙은 본질적인 무엇인가를 침묵 속에서 지나쳐 버렸다. 타인과의 만남이 우선적으로 충격과 대혼란을 만들어내고 타인이 지닌 차이에 대한 실질적인 경험을 전해주지 않는다면 '자신으로의 회귀'는 결코 이루어질 수 없다는 점이 바로 그것이다.

그러므로 여기서, 우리가 지금까지 참고했던 모든 학자들-부버, 프로이트, 레비나스, 사르트르 등등-을 비판한다는 것은 더 곤란할 것이다. 왜냐하면 이들은 헤겔 철학에서 막대한 영향력을 받았다는 공통점을 지니기 때문이다. 이 각각의 사상가들은 자신만의 고유한 감각을 발휘해서 우리로 하여금, 우리의 존재 속에서 타인이 차지하는 중심적인 위치를 깊이 숙고해볼 수 있는 기회의 문을 열어주었다. 그들이 사유했던 것은 개인의 자율성이라기보다는 오히려, 자기중심적이고 독립적인 주체의 종말이었기 때문이다.

우선 마르틴 부버에게 있어서 인간은 자신의 정신적인 진실을 표현하기 위해 타인에게 의존한다. 그리고 레비나스에게 있어서 인간은 자신의 도덕적인 책임을 발견하기 위해 타인의 얼굴을 보는 경험에 의존한다. 또한 사르트르에게 있어서 인간은 자신의 자유를 만들어내기 위해 타인들의 시선에 의존한다. 우리는 이 학자들에게서, 헤겔 철학의 영향을 받은 흔적이라고 볼 수 있는 변증법적 해석을 발견하게 된다. 즉 자신의 인간성이 지닌 가장 높은 곳까지 올라가기 위해서는 타인을 꼭 거쳐야 한다는 필요성, 그것이 바로 그들 사유의 공통적인 요소였던 것이다. 부버와 프로이트, 레비나스, 사르트르, 후설, 메를로 퐁티, 데리다 등과 같은 학자들의 관점에서 보면, 내가 내 자신을 발견하고 싶다는 희망을 품는 일은 타인과의 아주 가까운 접촉을 통해서 일어난다. 간단히 요약하면, 헤겔 이후의 서양 철학은 프랑수와 줄리앙이 비판한 것과 같이, 주체의 자율성만을 주장한 철학이 아니다. 오히려 20세기 철학의 가장 중요한 교훈은 이것이라고 단정 지을 수 있다. "자신에게 도달하기 위한 가장 빠른 길은 바로 타인을 거치는 길이다."

최초의 충격에서 하나의 관계까지

영화 〈가장 따뜻한 색, 블루〉의 초반에 아델이 엠마를 만났을 때, 아델은 크게 당황했고 본래의 모습에서 벗어나 버렸다. 그녀는 프랑수와 줄리앙이 제시했던 의미에서의 '만남'을 경험했다. 그러나 헤겔이 말했던 의미에서 볼 때 그 사건은 하나의 관계를 변화시켰다. 아델은 엠마가 지니고 있는 그 차이로부터 정신적인 성장을 하게 되었고, 타자성을 낱낱이 경험함으로써 결국 그녀 자신이 될 수 있었다. 아델과 엠마의 관계에 있어서는 최초의 만남이 영향력을 거의 행사하지 못했다. 게다가 엠마 역시, 아델과의 접촉을 통해 변화를 경험했다. 타인이 지닌 차이를 자기 것으로 만드는 것, 그리고 자기의 개인적인 일에 그 차이를 활용하는 일은 그 차이를 부정하는 결과로 환원되지 않는다. 오히려 하나의 만남을 통해 그 차이를 영광스럽게 남기는 결과를 가져올 것이다. 프랑수와 줄리앙은 이런 말을 했다. "만남이 하나의 관계로서 정착될 때 타자성은 사라져 버린다." 그러나 이 말과 반대로, 사랑과 우정으로 엮인 아름다운 만남들은 오히려 우리에게, 불순한 모양새를 띤 그 타자성이 주체의 삶 속에서 동화되어 사라져 버리는 과정을 보여준다.

프랑수와 줄리앙이 만남이라는 것을 규정하기 위해 이용했던 단어들-'압도당하는', '크게 당황한', '박탈당하는'-은 만남이 가져다주는 충격을 잘 묘사하고 있다. 그러나 줄리앙은 그런 만남이 하나의 관계가 될 때, 그 관계 속에서 타인이 나에게서 자꾸 벗어나 멀어지게 되고 타인이 "나의 관점 속으로 빠지게 되는 것"을 유감스러워했다. 그러나 만남이 관계로 변모하지 않는다면 우리는 무엇을 통해 만남이 이어질 수 있는지를 제대로 알아볼 수 없게 될 것이다. 우리는 타인을 처음 만났던 날 그랬듯이, 그에 의해 큰 혼란을 느끼고 압도당하는 그 경험을 일정 기간 동안 유지할 수 없다. 하지만 이 말은 타인이 지닌 차이점이 계속해서 나를 매혹시킬 수 없다는 것을 의미하지 않는다.

오히려 내가 그 타인에 대해 더 잘 알게 될수록 타인이 지닌 차이는 그만큼 나를 더 매혹시킬 것이다. 타인을 더 많이 알게 된다고 해서 그가 지닌 신비로움의 일부가 줄어들지는 않는다. 더욱이 내가 타인에 대해 어떤 것도 이해할 수 없다면 아마도 나는 그 사람에게 머물렀던 시선을 결국 돌리게 될 것이다. 내가 타인으로부터 삶의 양식을 얻게 되고 타인과 하나의 관계를 유지한다는 것은 내가 타인의 타자성에 대해 지속적으로 놀라움을 느끼는 일에 조금도 방해가 되지 않는다. 또한 그것은 알랭 바디우의 표현대로 "타인을 돌아보는 행동"을 끈기 있게 지속하는 일에도 방해가 되지 않는다.

프랑수와 줄리앙은 이렇게 주장했다. "내가 너를 만났기에 나는 내가 누구인지 더 이상 모르겠다." 반면에 헤겔은 이렇게 주장했다. "내가 너를 만났기에 나는 내 자신이 될 수 있을 것이고 내가 누구인지 알 수 있을 것이다."
이 두 학자의 입장은 필연적으로 양립 불가능한 것이다. 그 두 입장의 유일한 공통점은 시간성이 존재한다는 것뿐이다. 만남을 통해 최초로 충격을 받는 시간, 그 충격을 자기 것으로 받아들이는 시간, 당황해서 어쩔 줄 모르는 시간, 자신의 고유한 존재 속에서 행동하고 모험을 감행하는 시간이 존재하는 것이다. 그리고 자신을 잊게 되는 시간, 자신에게로 돌아가는 시간이 존재한다.

더구나 우리는 전에 분석했던 사유, 즉 만남에 수반되는 여러 가지 징후들 속에서 이런 시간성을 발견할 수 있다. 만남의 시초, 그 충격의 한가운데에서 내가 내 자신을 잃어버렸던 그 첫 순간을 가리키는 것이 바로 혼란스러움이다. 또한 타자성의 경험, 즉 내가 바뀌었다는 사실은 하나의 관계를 통해 그 만남이 변화를 일으켰다는 점을 보여준다. 그런데 만남이라는 것은 프랑수와 줄리앙이 부정적으로 암시했듯이 어떤 관계 속에 "정착되는" 것이 아니다. 만남은 오히려 관계 속에서 계속 이어지고 변화를 겪는 것이라고 할 수 있다. 만약 최초에 느꼈던 그 감탄이 결국 나를 변화시키는 하나의 관계를 만드는 결말로 이어진다면, 이것 역시도 최초의 그 충격만큼이나 특별하고 아름다운 하나의 사건이 아니겠는가?

더욱이 우리는 다음과 같은 문제 제기를 통해, 프랑수와 줄리앙이 자신의 논증이 이끄는 올가미에 스스로 빠지게 만들 수도 있을 것이다. 만약 내가 변화하지 않았다면, 만약 타인이 지닌 차이를 내가 흡수하지 못했다면, 그 이유는 단지 타인이 지닌 차이로 인해 내가 충분히 동요되지 않았기 때문이고, 이는 내가 그를 **진정으로 만나지** 못했다는 말이 아니겠는가?

물론 가장 고상한 의미로 해석해 볼 때 타인은 나의 관심을 끄는 사람이다. 게다가 타인은 한 번에 두 가지 면에서 나의 관심을 끈다. 첫 번째로 타인은 프랑수와 줄리앙이 말했듯, 내 마음을 사로잡고 나라는 사람으로부터 빠져나가 잡히지 않는 존재로서 나의 관심을 끈다. 두 번째로 타인은 헤겔의 변증법적인 사유가 보여주었듯, 만남을 통해 발전을 도모하게 만드는 존재로서 나의 관심을 끈다. 우리는 자신의 존재와 자신의 가능성에 대해 관심을 갖고 있는 것처럼 타인에게도 관심을 갖고 있다. 즉 나는 타인이 지닌 취향과 매력, 호기심을 알고 싶어 하는 것이다.

당신은 타인이기 때문에 나의 관심을 끈다. 그리고 나는 당신과의 접촉 덕분에 또 다른 사람이 될 수 있다. 하지만 우리가 어떻게 이런 식으로 모든 세상만사를 구별할 수 있겠는가? 만남의 한가운데에 있을 때 타인에 대한 사심 없는 매혹과, 그 사람 덕분에 내 삶이 변화를 가져다줄 나의

감정을 구분하는 일은 종종 불가능하다. 결국 진정한 삶은
이런 모습을 띠는 것이다.

결론

가스통 바슐라르는 마르틴 부버의 책 『나와 너』 서문에서 이런 말을 남겼다. "만약 나에게 사랑과 가정이 없다면 이 세상에 존재하는 꽃들과 나무들, 불, 돌멩이가 나에게 다 무슨 소용이 있겠는가! 오, 두 사람이 있어야 한다. 아니 적어도 두 사람이 필요하다! 하늘이 파랗다는 것을 알기 위해서는, 밝아오는 새벽의 여명에 이름을 붙이기 위해서는 두 사람이 있어야만 했다! 하늘과 숲, 그리고 빛과 같이 영원한 것들은 오직 누군가를 사랑하는 마음속에서만 그것들의 본래 이름을 찾는 법이다."

이 아름다운 문장들은 시적인 섬세함을 발휘해, 우리가 이 책에서 살펴보았던 견해들을 요약하고 있다. **연속적으로 이어지는** 나날들 속에서 하나의 만남을 통해 타인을 발견하는 것, 아니 그보다 더 발전해서 영속적으로 자신을 재발견하는 것은 세상과의 만남을 뜻하는 것이고 그와 동시에 자신과의 약속을 뜻하는 것이다. 사랑에 빠지고 하나의 우정이 피어날 때 우리는 꽃과 나무, 불과 돌멩이를 예전과 같은 시선으로 바라보지 않게 된다. 그것 모두는 어느 날 문득 다른 모습으로 우리 앞에 나타난다. 왜냐하면 우리가 타인의 시선을 통해 그것들을 바라보기 때문이고 그 모든 것들이 우리의 것이 되기 때문이다. 그럴 때 온 세상은 새롭고 찬란한 광채 속에서 우리의 품 안에 안긴다. 우리는 진정으로 다시 태어난 것 같은 기분에 휩싸인다.

여기에는 어떤 기적의 손길도 필요하지 않다. 우리는 가끔 어떤 만남에 대해서 "그 만남이 내 마음을 채워줬어"라고 말하기도 하고, "그 사람과 함께 있을 때 나는 마음이 충만해져"라고 말하곤 한다. 이런 표현들은 마치 타인이 우리에게 와서는 우리 내면의 빈자리를 채워준 것 같은 의미를 지닌다. 이 빈자리는 철학자들이 우리의 인간성을 정의하기 위해 이야기했던 바로 그 결핍이라고 할 수 있다. 이를테면 아리스토텔레스에게 있어서는 그것이 불완전성이었고, 키르케고르나 마르틴 부버에게 있어서는 그것이 신의 존재에 대한 필요성이었다. 프로이트나 라캉에게 있어서는 그것이 사랑의 욕구였고, 헤겔에게 있어서는 그것이 인식의 필요성이었다. 우리는 이렇게 최초의 불완전성에서 생긴 그 결핍으로 이루어져 있으며 그 결핍을 해결해보고자 하는 욕구로 이루어져 있는 존재들이다. 그토록 강렬하고 그토록 혼란스러운 우리의 만남들은 그 만남이 어떤 것이든지 간에, 결핍을 채우려는 목적지에 결코 완전하게 도달하지 못할 것이다. 또한 그 편이 더 낫다. 왜냐하면 우리들은 계속해서 욕망할 것이고 사랑할 것이며, '진정한 인생'을 살려고 애쓸 것이기 때문이다.

우리가 만남을 통해 충만하게 경험한 그 '진정한 인생'은 이제 우리에게 약간 더 친숙하게 느껴질지도 모른다. 우리가 그 삶에 대해 더 잘 알게 되었으니, 그리고 우리가 만남의 위력 덕분에 얻은 모든 것들을 움켜쥐게 되었으니 말이다. 진정한 인생은 그 전체가 타인을 향한 끝없는 움직임 위에 머물러 있다고 할 수 있다. 이 세상에서 타인을 향해 자신을 던지는 것, 타자성이 지닌 신비로움을 밝히고자 하는 갈증, 혹은 다른 사람을 통해 우리 자신의 욕망을 발견하려는 갈증 속에 진정한 인생이 놓여있다. 물론 이것은 놀라움과 경탄, 대혼란이 따르는 삶이다. 우리와 타인 사이의 차이는 자주 우리를 어리둥절하게 만들고, 때로는 우리의 혼이 나가게 만들 정도로 심한 충격까지 주기 때문이다. 하지만 새로운 모험을 향한 충동은 우리의 두려움보다 훨씬 강한 법이다. 그러므로 우리는 불확실성을 용기 있게 끌어안아야 하고 과감해져야 하며, 즉흥적인 사람이 되어야 한다. 자신에게서 빠져나와 다른 사람들을 만나지 않고는 진정한 자신이 되는 것에 대한 희망도 존재하지 않는다.

우리가 누군가를 발견하게 됨으로써 다시 출발하고 다시 살아간다는 느낌을 받을 때마다, 우리는 현실의 한가운데에서 **단 하나의 삶** 그 자체이자 힘차게 박동하고 있는 어떤 위력의 존재도 느끼게 될 것이다.

다른 사람과 함께 있지 않고 오로지 홀로 있다면 우리는 어떤 존재도 아니다. 우리는 어떤 가치도 띠지 못하며 어떤 것에도 도달하지 못한다. 하지만 내가 당신을 만나는 것만으로도 모든 것이 충분해진다. 그때 비로소 완전한 시작의 문이 열린다.

참고자료

Part 1. 만남의 징후들

● **인용 작품**

아리스토텔레스『니코마코스 윤리학』

알랭 바디우『사랑의 찬가』

카렌 블릭센『아프리카 농장』『운명의 뒷이야기들』

크리스티앙 보뱅『피에르』

알베르 카뮈『작가 수첩』『여름』『이방인』『반항적인 인간』
『전락』『결혼』

알베르 카뮈와 마리아 카자레스『서한집』

엠마뉘엘 카레르『왕국』『내 삶이 아닌 다른 삶들』

르네 샤르『모여있는 말』『우리는 소유한다』

에밀리 뒤 샤틀레『행복론』

알베르 코앵『영주의 애인』

보리스 시륄니크『당신 자신을 구원하라, 그러면 삶이 당신을 부를 것이다』

질 들뢰즈『알파벳』

클린트 이스트우드 감독의 영화 〈매디슨 카운티의 다리〉

폴 엘뤼아르『보이게 만드는 비전』

헤겔『정신현상학』

압델라티프 케시시 감독의 영화 〈가장 따뜻한 색, 블루〉

에마뉘엘 레비나스『곤란한 자유』

마리보『사랑과 우연의 장난』

플라톤『메논』

시드니 폴락 감독의 영화 〈아웃 오브 아프리카〉

마르셀 프루스트『잃어버린 시간을 찾아서』

키스 리처즈의 자서전『인생』

장-폴 사르트르『구토』

블라디슬로프 스필만의 영화 〈피아니스트〉

레프 톨스토이『안나 카레니나』

볼테르『캉디드』

● **아이디어 참조**

조르주 상드와 알프레드 드 뮈세의 서한집『오, 나의 조르
주, 나의 어여쁜 애인』, 전시회 목록 '피카소와 엘뤼아르,

지고의 우정', 니체『반시대적 고찰, 2부』, 존 맥스웰 쿳시
『추락』, 리들리 스콧 감독의 영화〈델마와 루이스〉, 프란체
스코 알베로니『사랑의 충격』과『우정에 관하여』, 르네 샤
르와 알베르 카뮈의 서한집, 프란시스 포드 코폴라 감독의
영화〈럼블 피쉬〉, 알랭『철학의 요소들』, 올리비에 푸리올
『위대한 도적, 알랭』, 프랑수와 베고도우『민주주의자 믹
재거, 1960년부터 1969년까지』, 프랜시스 울프『완벽한
사랑은 없다』, 파브리스 미달『우리가 사랑에 대해 아무것
도 모른다면 어떻게 될까?』, 길버트 라일『플라톤의 세계
로 가는 여정』, 프랑수와 줄리앙『조용한 변화』, 데카르트
『형이상학적 고찰』, 칸트『실천 이성 비판』, 엘리자베트 바
댕테르『에밀리, 에밀리, 18세기 여성들의 욕망』, 로브 라
이너 감독의 영화〈해리가 샐리를 만났을 때〉등등…….

Part 2. 만남을 내 편으로 만드는 법

● **인용 작품**

테오도어 아도르노『최소한의 도덕』

조르조 아감벤『우정』

루이 아라공 『오렐리앙』

크리스토퍼 차브리스와 대니얼 사이먼스 『보이지 않는 고
릴라』

르네 데카르트 『방법 서설』

폴 엘뤼아르 『풍요로운 시선』

필립 가빌리에 『기회를 향한 찬가』

에바 일루즈 『사랑의 종말』

페르난도 메이렐레스 감독의 영화 『두 교황』

장-폴 사르트르 『존재와 무(無)』

시몬 베유 『중력과 은총』

● **아이디어 참조**

피에르 오뱅크 『아리스토텔레스의 이론들, 실천 철학』, 에
피쿠로스 『메네세에게 보내는 편지』, 제롬 솔리니 『보위』,
딜런 존스 『데이비드 보위의 삶』, 폴 리쾨르 『의지의 철
학』, 뤼방 오지앙 『의지의 연약함』, 마티유 리카르 · 알렉
상드르 졸리앙 · 크리스토프 앙드레의 공저 『지혜를 탐구
하는 세 명의 친구』, 자크 라캉의 세미나 『욕망』, 피에르 레
이 『라캉과 함께 보낸 한 계절』, 벵자맹 비올레의 노래 〈당
신의 아픔은 어떤가요?〉, 디드로 『회의주의자의 산책』, 앙

드레 브르통『나자』와『광적인 사랑』, 알렉상드르 라크루 아『우리가 아무것도 안 믿는다면 어떻게 살 것인가?』, 샤를 보들레르의 시「지나가는 여인에게」, 조르주 브라상의 노래〈행인들〉, 칸트『판단력 비판』, 바슝이 리메이크한 노래〈애송이의 말들〉과 파파콘스탄티노가 리메이크한 노래〈애송이의 말들〉, 베르그송『물질과 기억』, 토니노 베나키스타『새벽의 상처』등등…….

Part 3. 진정한 삶은 만남이다

● 인용 작품

아리스토텔레스『정치학』

마르틴 부버『나와 너』

엘리자베스 드 퐁트네『동물들의 침묵』,『동물성의 실험에 관한 철학』

지그문트 프로이트『새로운 정신분석학 입문 강의』

요한 고틀리프 피히테『자연법의 토대』

프랑수와 줄리앙『왜 이제 '너를 사랑해'라고 말해선 안 되는가?』

키르케고르『이것이냐 저것이냐』

자크 라캉『정신분석의 윤리학』

장-자크 루소『인간 불평등 기원론』

장-폴 사르트르『실존주의는 휴머니즘이다』,『존재와 무
(無)』

● 아이디어 참조

베티 캐논『사르트르와 정신분석학』, 사르트르『프로이트
시나리오』, 알렉상드르 라크루아『자연의 아름다움 앞에
서』, 마티유 리카르『동물들에 대한 옹호』, 베르코르『자연
성을 벗어난 동물들』, 자크 페랭 감독의 영화 〈떠돌이들〉,
필립 나시프『최초의 투쟁』, 필립 슈발리에『자신이 된다
는 것, 키르케고르 입문』, 칼 테오도르 드레이어 감독의 영
화 〈오데트〉, 지그문트 프로이트『환상의 미래』, 플라톤『
향연』, 사이먼 맥버니의 연극『마주침』, 니체『차라투스트
라는 이렇게 말했다』, 데카르트가 1647년 6월 6일에 샤뉘
에게 쓴 편지, 장-필립 도맥『여자친구, 죽음, 아들』, 샤를
멜망『심각하지 않은 인간, 반드시 즐긴다는 것』, 데이비드
허버트 로렌스『채털리 부인의 연인』등등……

만남이라는 　 모험

1판 1쇄 발행　　2022년 4월 12일
1판 2쇄 발행　　2022년 5월 10일

지은이　　　　샤를 페팽
옮긴이　　　　한수민

발행인　　　　황민호
본부장　　　　박정훈
책임편집　　　김순란
기획편집　　　강경양 한지은 김사라
마케팅　　　　조안나 이유진 이나경
국제판권　　　이주은 한진아
제작　　　　　심상운

발행처　　　　대원씨아이㈜
주소　　　　　서울특별시 용산구 한강대로15길 9-12
전화　　　　　(02)2071-2017
팩스　　　　　(02)749-2105
등록　　　　　제3-563호
등록일자　　　1992년 5월 11일

ISBN　　　　979-11-6894-574-6　03100